リーガル・リサーチ＆リポート

legal research & report

田髙寛貴
原田昌和
秋山靖浩

第2版

有斐閣

目　次

はじめに ……………………………………………………………… 1

1　リーガル・リポート／リサーチへの招待　1
2　本書の全体像　3
　(1) 本書の構成 (3)　(2) リサーチからディスカッションまでの流れ (5)
3　法学を学ぶ魅力——法律学習から得られるもの　7
　(1) 法律学に特徴的な思考様式 (7)　(2) 法律学習から得られるもの (9)

第1編
法律学の表現と議論
——リーガル・リポート——

第1章　法律学の文章を創る ……………………………………… 16

1　文書の目的・テーマを考える　16
　(1) レポート作成の目的と手法 (16)　(2) レポート以外のさまざまな法律文書 (21)　(3) テーマの選定 (23)
2　資料を活用する・引用する　27
　(1) 文献を読む作法 (27)　(2) 文献を使って書く作法 (28)
　(3) 文献引用の実践 (31)　(4) 出典表示のスタイル (35)
3　説得的に表現する　39
　(1) なぜ説得的に表現することが必要か？ (39)　(2) 説得力のある根拠を示すこと（その1）——法律学の文章において通用する根拠と

は？ *(40)* 　(3) 説得力のある根拠を示すこと（その2）――別の根拠との比較 *(44)* 　(4) 説得力のある根拠を示すこと（その3）――根拠の内容 *(49)* 　(5) 説得的に論証すること *(53)* 　(6) 文章表現のしかた *(57)*

　4 判例に学ぶ説得的な文章　　60

第2章　法律学習の実践　　68

1 判例研究の手法　68
(1) 判例とは・判例学習とは *(68)* 　(2) 判例を読み込む *(75)* 　(3) 判例を分析・検討する *(77)* 　(4) ゼミで報告・議論する，レジュメを作成する *(80)*

2 テーマ研究の手法　87
(1) テーマ研究を始める *(87)* 　(2) 文献の検討 *(89)* 　(3) 論点の抽出 *(92)* 　(4) 議論の紹介・整理と対立点の分析 *(95)* 　(5) 議論の対立点についての考察 *(100)*

3 事例演習の手法　105
(1) 事例演習と民法学習 *(105)* 　(2) 事例から論点を発見し，検証する *(107)* 　(3) 判例や学説を検証し，事例検討に役立てる *(108)* 　(4) 事例に対する結論を提示する・議論する *(110)*

第3章　ディスカッション　　114

1 ディスカッションの効用とそのポイント　114
(1) ディスカッションの効用 *(114)* 　(2) ディスカッションのポイント（その1）――問題点を明確にする *(115)* 　(3) ディスカッションのポイント（その2）――他人の主張を理解する *(118)* 　(4) ディスカッションのポイント（その3）――根拠と論証に着目する *(118)*

2 ディスカッションの実践（その1）――「根拠」を議論する　120
(1) 根拠を分析する *(120)* 　(2) 「なぜ」の質問を大切にする *(123)* 　(3) 着眼点を変え，異なる立場に立ってみる *(125)* 　(4) 自分の意見を述べるときも同様 *(127)*

3 ディスカッションの実践（その2）──「論証」を議論する　127
　(1) 論証を軽視してはいけない　(127)　(2) 実践例　(128)
4 ディスカッションを成功させるための工夫　132
　(1) いろいろな立場から考える　(132)　(2) 事前の準備・予習が必要不可欠　(134)　(3) 司会者の役割　(134)　(4) ディスカッションを盛り上げる極意　(136)

第4章　法律ディベート　139

1 法律ディベートとは　139
2 情報収集から立論の作成まで　142
3 質疑応答と結論，ジャッジ　150

第5章　法律討論会　158

1 法律討論会をやってみよう　158
2 実施要領（例）　159
3 法律討論会の実践例　161
　(1) 問題　(161)　(2) 立論　(162)　(3) 質疑応答　(164)　(4) 講評　(166)
4 採点用紙のサンプル　167

第2編　法律学の情報調査・収集 ──リーガル・リサーチ──

第6章　リーガル・リサーチ総論　170

1 法情報の種類と形態　170
　(1) 法情報の種類　(170)　(2) 法情報の形態　(172)　(3) デジタル

　　　　資料の種類　*(174)*

　2　リサーチの方法　*175*

　　　　(1) 情報・資料を検索する　*(176)*　　(2) 情報・資料の所在を検索し，入手する　*(179)*

　3　法情報を評価・活用する技能と作法　*183*

第7章　法令情報の調査　*186*

　1　法令とは　*186*

　　　　(1) 法令の種類　*(186)*　　(2) 法令の制定　*(187)*

　2　法令を収録する資料・法令情報　*191*

　　　　(1) 現行の法令を知る　*(191)*　　(2) 過去の法令を知る　*(194)*

　3　法令の制定過程・立法趣旨を調べる　*196*

　　　　(1) 法律案作成の情報・国会審議の状況を知る　*(196)*　　(2) 法律の立法趣旨を調べる　*(198)*

第8章　判例情報の調査　*200*

　1　判例を収録する資料と多様な探し方　*200*

　2　データベースによる判例の検索　*203*

　　　　(1) 検索したい判例が決まっている場合の検索方法　*(203)*　　(2) 報告すべきテーマや条文に関する判例を検索する場合の検索方法　*(206)*

　3　判例の出典と表記　*207*

　4　判例評釈の性質の違い　*209*

第9章　文献情報の調査　*213*

　1　文献の種類とそれぞれの特徴　*213*

　　　　(1) 図書　*(214)*　　(2) 紀要・法律雑誌　*(217)*　　(3) 統計資料等　*(218)*

　2　文献情報の調査　*218*

(1) 調査の方法　(218)　(2) 調査の実際——芋づる式　(220)
　(3) 調査の実際——データベースの使用　(224)
3　文献の表記　231

あとがき　233
シーン別索引　236
用語索引　239

● Column ●

試験答案も法律文書　22
注のさまざまな活用法　30
注に示された参考文献をたどっていくと　33
通説・多数説・有力説・少数説　35
条文の解釈に用いられる根拠　48
統計データ等の活用　52
判決のなかの対立軸をうかがう　75
最高裁調査官と判例解説　77
射程を画するとは　79
模擬裁判　112
予習用レジュメの活用　143
先回り的に反論する必要はあるか　146
テーマの理解を深める　155
キーワード検索の極意「検索条件」　178
日本十進分類法（NDC）　180
法務省・法制審議会　189
パブリック・コメント　189
実践あるのみ　220
奥付　232

執筆者紹介

○ **田髙 寛貴**（ただか　ひろたか）
　　　　　　　　　　　　［1章1・2, 2章1・3, 5章（共同），6章，7章執筆］

　1991 年　名古屋大学法学部卒業
　現　在　慶應義塾大学法学部教授
　著　書　『クロススタディ物権法』（日本評論社，2008 年）
　　　　　『事例から民法を考える』（有斐閣，2014 年）〔共著〕
　　　　　『民法Ⅱ（物権）〔第4版〕(LEGAL QUEST)』（有斐閣，2022年）〔共著〕

○ **原田 昌和**（はらだ　まさかず）
　　　　　　　　　　　　［はじめに，1章4，4章，5章（共同），8章執筆］

　1995 年　京都大学法学部卒業
　現　在　立教大学法学部教授
　著　書　『新ハイブリッド民法3　債権総論』（法律文化社，2018 年）〔共著〕
　　　　　『民法Ⅰ（総則）〔第2版補訂版〕(LEGAL QUEST)』
　　　　　　（有斐閣，2020 年）〔共著〕

○ **秋山 靖浩**（あきやま　やすひろ）
　　　　　　　　　　　　［1章3, 2章2, 3章, 5章（共同），9章執筆］

　1995 年　早稲田大学法学部卒業
　現　在　早稲田大学大学院法務研究科教授
　著　書　『不動産法入門』（日本評論社，2011 年）
　　　　　『3・11大震災　暮らしの再生と法律家の仕事』
　　　　　　（日本評論社，2012 年）〔共著〕
　　　　　『民法Ⅱ（物権）〔第4版〕(LEGAL QUEST)』（有斐閣，2022年）〔共著〕

はじめに

1 リーガル・リポート／リサーチへの招待

● **本書を手に取った皆さんへ** ●

　皆さんがこの本を手に取った理由は何だろうか。大学の授業でレポート課題が出されたが，これまでにレポートなどを書いたことがなくて困っているからだろうか。それとも，何気なく本屋で手に取っただけだろうか。どちらの人も本書を棚に戻さずに，今しばらく読み進めてほしい。本書を読み進むことで，単なるテクニックにとどまらない，法学を学ぶことによって得られる，将来社会で活躍するための真の実力を身につけることができるのだから。

● **法学部での授業とリーガル・リポート／リサーチ** ●

　一般に法学部では，大きな講義室で行われる大人数授業が多い。これは，高校までには必ずしも教えられていない法学の最低限の知識を，多人数に効率的に教えることを目的としたものである。従来の法学部では，大人数授業で基本的知識を得た後，主に3年生から，ゼミナール形式の授業（以下では単に「ゼミ」とする）で知識を深めていくかたちでカリキュラムが組まれていた。しかし近年は，学生による能動的な関わりや教員や他の学生との質疑応答を通じたきめ細かい指導を，より早い段階から行うために，こうしたゼミ形式の授業が1年生，2年生に対しても開講される方向にある。

　ゼミ形式の授業では，教員が一方的に何かを教えてくれるということは少なく，著名な論点や判決について，学生が図書館やインターネットで資料を集め，分析し，ときにはグループで事前検討会を開き，レジュメやレポートにまとめ

て報告し，それに基づいてゼミ参加者が討論を行ったり，あるいは，チームに分かれて，事例や判決を素材としたディベートを行うなどの形式で授業が進行する。

しかし，今まで法律学を勉強したことがない皆さんが，突然，「民法上の論点や判決について報告してください」と言われても，何をどうやって調べればいいのか，分析・検討と言われても何をしたらいいのか，レジュメやレポートはどう書いたらいいのか，一から十まで途方にくれるというのが正直なところではないだろうか。そもそもゼミに参加するためには，教員による選考を経なければならない場合が多いが，そこでは，授業で学習した判決や論点についてのレポートの提出が課題として出されることもある。また，ゼミによっては，学期末にゼミ論文を書くこととされているものもあるし，一部には，法学部でも卒業論文を課している大学もある。さらに，学期末に行われる論述形式の試験も，ミニ・レポートということができるだろう。

現在の法学部では，レポートや報告書，論文，レジュメなどを書く機会が非常に多い。読者の皆さんは，この後の大学生活で，たくさん調べて，たくさん書かなければならないのである。

● **本書の魅力** ●

こうしたゼミでのレポートや報告書，論文，レジュメには，当然のことながら一定の作法がある。これが守られていると，教員も安心して提出物を読むことができるし，ゼミの参加者にも報告がよりよく理解され，議論も活発になる。こうした作法は，形式面や技術面にとどまらず，論理の進め方や着眼点にもわたるものだが，本書の記述のなかには，著者である私たちが，実際に学生を教えていて気づいたこと，感じたことを多数盛り込んでいる。しかも本書は，単なるマニュアル本ではなく，実際に判決文に触れたり，説得的な文章の例に触れたりすることで，読みながら学べるスタイルになっている。具体例のなかには民法総則の知識を必要とするものもあるが，本書の記述を具体例を通して理解するためにも，ひるむことなく，まずは通読してほしい。

もちろん，本書が提示するものをすぐに完璧にできるようになるのは難しいかもしれない。しかし，そのいくつかに気をつけるだけでも，皆さんのレポー

トやレジュメ，ゼミでの議論はぐっといいものに変わるはずである。何か1つだけでもいいので，ぜひ取り入れてほしい。

　なお，本書のタイトルは「レポート」ではなく「リポート」になっている。これは，テーマを選び，資料を集め，レポートを執筆し，報告し，ディスカッションする場面まで広く含む趣旨からである。また，本書の記述は民法を学習する場面を中心としたものとなっているが，民法以外の法律を学習する際にも応用がきくものとなっている。

2　本書の全体像

●●　(1)　本書の構成　●●

　本書は，大きく，「はじめに」，「第1編　法律学の表現と議論──リーガル・リポート」，「第2編　法律学の情報調査・収集──リーガル・リサーチ」の3つに分かれている。

　「はじめに」では，法律学が説得の学問であることや，法学を通じて身につけられるスキルについて解説している。

　第1編では，まず**第1**章で，法律学における文章にはどのようなものがあるか，テーマをどのように見つけるか，資料をどのように活用・引用するか，どのような工夫で文章はより説得的になるかを説明した後，実際の判決文を読みながら，説得的な表現について考える。**第2**章では，報告の準備のしかたやレジュメの書き方について，判例研究・テーマ研究・事例演習の3つの形式に分けて説明し，これをもとに，**第3**章ではディスカッションの注意点を，**第4**章ではゼミ等での法律ディベートの実施のしかたを，そして，**第5**章では法律討論会の実施のしかたを解説する。

　第2編では，法令・判例・文献の3項目に分けて，学部のゼミで報告する際に必要な情報の検索方法について説明する。資料に関する情報についても，最低限見てほしいもの，アクセスしやすいものを挙げるほか，近時重要となって

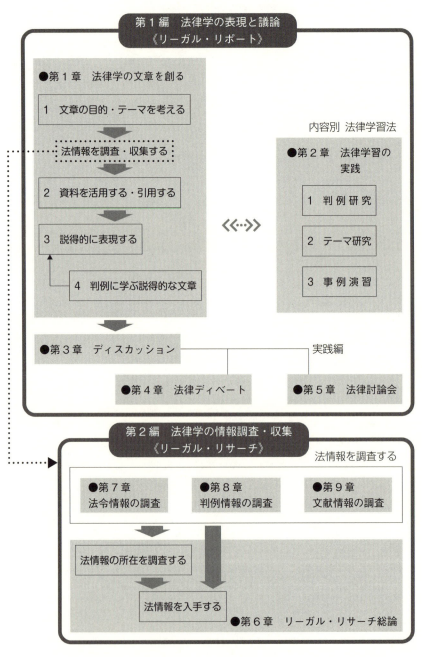

いるインターネットやデータベースによる情報検索のしかたについても解説する。

以下では，本書の内容を，レポートを書く際の流れに沿って概観しよう。

●● (2) リサーチからディスカッションまでの流れ ●●

● テーマを設定する ●

ゼミでは報告テーマがあらかじめ割り当てられることもあるが，ゼミ論文，卒業論文では，自分でテーマを設定しなければならない場合が多い。また，事例演習の形式で進めるゼミの場合には，問題となるテーマを事例から読み取らなければならない。

自分でテーマを設定する場合には，授業で興味をもった裁判例，教科書や学習教材，ニュースで関心をもった題材などからテーマを決定することが多いと思われる。とくに第1章1(3)では，テーマ選択の秘訣を多数解説している。

● 資料を調査・収集・活用・引用する ●

報告テーマが定まったら，次に資料を収集することになる。判例報告であれば，判例データベースや書籍を用いて判決や判例評釈を検索し，それらに挙げられている参考文献を調査していくことになる。テーマ研究（論点を取り上げて報告する形式）や事例演習の場合には，詳細な記述のある教科書・体系書や注釈書（『新注釈民法』〔有斐閣〕など）といった書籍から関連する判例や他の書籍，判例評釈や論文などをたどり，あるいは文献データベースから最近の論文を検索し，そこからさらに参考文献をたどることになる。こうした情報検索のしかたについては，第2編で解説される。

文献を集めることができたら，次にそれらを分析することになる。まず必要なのは，文献をしっかりと読み込むことだが，ただ読むのではなく，各見解の異同を分析しなければならない。学生の作成したレジュメには，しばしば，(1)我妻説，(2)星野説……のように，論者の名前に説をつけて，特段の脈絡なく見解を羅列したために，同趣旨の見解が飛び飛びに並んでしまっているものがあるが，これは適切なまとめとはいえない。各見解の分岐点や共通点を見抜き，

適切に分類整理しなければならないのである。第1章2では，文献を読み込む際のポイントや引用にあたってのルールなどについて，取消しと登記を例にして解説している。

● 説得的に書く・報告する ●

ゼミでの報告，論文を問わず，法学部でリポートをする際には何かしら自分の見解を問われることが多い。学部生がまったく独自の見解を主張することはかなり難しいため，実際には，既存の説のいずれかに依拠したり，複数の説を概観した後に今後の方向性を示すといったかたちになるだろう。その場合でも，なぜ自分はその見解に依拠するのか，なぜ他の見解ではないのか，どうしてそのような方向性が展望できるのか，自説への批判にどう答えるかなどを考え抜き，かつ，それをできるかぎり自分の言葉で論理的に表現しなければならない。

第1章3では，法的三段論法についてのより深い説明をするほか，具体的な例を提示して，説得的に書くにはどうしたらよいかを解説している。挙げられた具体例を参考に，どのように書いたら自分のレポートやレジュメがよりよくなるのかを考えながら読んでほしい。

また，ゼミは，レジュメを書けばそれで終わりではなく，報告の仕方も重要である。第2章では，判例研究，テーマ研究，事例演習に分けて，レジュメ例なども示しながら，報告とその準備のしかたをさらに深く解説する。

● ディスカッション ●

ゼミでは，報告者による発表の後，参加者によるディスカッションが行われる。もちろん多様な意見を出してよいのだが，単にかわいそうだとか，あんまりだというのでは議論にならない。単なる主観に対しては，相手方にはまったく反論の可能性がないからである。本書では，説得的な理由づけについて，(a)根拠の説得性と(b)根拠から主張を導き出す部分（論証）の説得性に分けて説明しているが，とくに第3章では，これをさらに深めたかたちで，具体例を交えて，よりよい討論にするにはどうしたらよいかを解説する。

● 法律ディベート・法律討論会 ●

　近時，法学部のゼミにおいても，判例や事例を素材としたディベートやゼミ対抗での法律討論会を行うところが増えている。就職活動ではグループディスカッションがしばしば行われるが，そこでは，自分の意見を迅速にまとめ，他者の見解を速やかに把握し，論理的に質問・回答する能力が問われる。就職してからも，会議などでプレゼンを行う機会がしばしばあるが，どれほどいいことを考えていても，それを適切に表現できなければ意味がない。

　こうした能力は，もちろん通常の報告・討論型のゼミでも養うことができるが，ディベートや法律討論会では，主張の説得力やわかりやすさ，討論のやり取り（質問や反論の適切さや巧みさ）などがジャッジといういわば客観的な目によって評価されることによって，上記の能力をより向上させることが期待できる。第4章・第5章では，判例を素材に原告側と被告側に分かれて行うケースディベート，および，事例問題を素材にした法律討論会について解説する。

3　法学を学ぶ魅力
　　　——法律学習から得られるもの

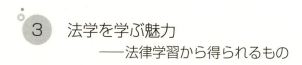

● 説得の学問としての法律学 ●

　本章の最後に，法律学習から得られるものについて解説しよう。法学部に入学した多くの学生が戸惑うことだが，法律学には，少なくとも数学など理数系の学問のような絶対的な「正解」というものはない。

　われわれの社会はさまざまな利益や価値観がぶつかり合うところであり，その社会にどうやって秩序を与えるかを考えるのが法律学である。そのため，法律はゲームやスポーツのルールにたとえられることもある。

　たしかに，法律は守らなければならないルールとして機能する場合が多い。しかし，ゲームにおいては，通常，ルールに従ってゲームが進行し，その結果が競われるのに対して，法律学では，その法律が事件に適用されるかどうか自

体が，さまざまな論拠をもって議論され，争われる。そこで重要なのは，結論それ自体ではなく，その結論に至る理由づけである。たとえば民事裁判で判決を出す場合を考えると，そこには結果的に勝つ側と負ける側がおり，どちらもそれなりの論拠をもって自分の見解を主張しているわけだから，判決は，とくに負ける側を説得できるものでなければならない（実際の判決が，「説得的な理由づけ」を強く意識して書かれていることについては，第1章4を参照してほしい）。つまり，法律学の少なくともある一面は，説得の学問であるということができる（もちろん，理屈さえ通っていればどんな結論でもいいというのではなく，説得力のなかには政策的な是非も含まれる）。

このように言うと，法律学を学んだことのない人からは，「事件を解決するためには，法律をそのまま事件に当てはめればよいのだから，説得などというのは関係ないのではないか」という疑問が出されるだろう。このような疑問はとくに「法学を学ぶとは法律の条文を覚えることだ」と思っている人に多い。しかし実際には，条文を覚えるだけでは，うまくいかないことがしばしばある。

法律は，これまでに起こった多くの紛争の解決から生まれてきた成果であって，多くの事案に対応できるように，意味にかなりの幅をもたせた表現になっている（そのほかにも，当然のことだとして条文にされなかったルールもあるし，立法時には考えられなかった問題が後に発生したために，適当なルールが法律上に存在しない場合もある）。そのため，具体的な事件が起こった際には，原告と被告の間で，当該規定の文言をめぐって，その条文を適用すべきかすべきでないかという「解釈」がしばしば争われるのである。

● 法的三段論法とは何か ●

ところで，社会問題がテレビなどで取り上げられるときには，さまざまな分野で活躍するコメンテーターが意見を述べることがしばしばある。そうした場面では，法律の条文に当てはめるという作業が行われることはなく，直接に事実関係を見て——人によっては，まったくの直感で——どうすべきか議論されることが多い。これに対して，法律学では，まずルールとその意味を確認し，それに事件を当てはめて問題を解決するという思考様式がとられる。このような思考様式を法的三段論法というが，実はこれが，法律学習から得ることので

きる特徴的な思考様式なのである（テレビの法律番組でも，必ずこの流れで解説されているので，注意して見てほしい）。

三段論法とは，「①AはBである，②CはAである，③よってCはBである」という論証形式である。たとえば，「①人は必ず死ぬ，②ソクラテスは人である，③よってソクラテスは必ず死ぬ」といったものである。これに法的要素を加えたものが法的三段論法であるが，以下のような例が考えられる。

> ① 故意に他人の権利を侵害した者は，それによって生じた損害を賠償しなければならない（民法709条）。
> ② Yが故意にXを傷つける行為は，Xの身体という権利を侵害する行為に当たる。
> ③ よってYは，Xの入院費や治療費といった損害を賠償しなければならない。

これを抽象的に言うと，①条文（または条文化されていない法律上の原則）の意味を解釈によって確定し，法律上のルールを明らかにする，②解釈によって明らかとなったルールに事案を当てはめる，③具体的な結論を出すという流れになる。

法的三段論法についてのさらに詳しい説明は，第1章3(5)で行うとして，以下では，法律学を学習することによってどのような能力が得られるのかを解説しよう。

(2) 法律学習から得られるもの

● 物事を公平に扱う能力 ●

法的三段論法が法律学において特徴的な思考様式であることは先に述べたが，この思考様式で特徴的なのは，まず一般的に当てはまるルールとその意味を明らかにし，次にその確定された意味に具体的な事案を当てはめ，最後に結論を導き出すという論理の進め方である。これによって，複数の物事を同一のルールのもとで公平に扱うことが可能となる。こうした論証形式は，法律を取り扱う職業に固有のものであって，民間企業に就職する人にとっては関係ないものと思われがちであるが，決してそうではない。

民間企業に就職しても，社内での業務の分担や仕事の進め方を決めなければ

ならないし、取引先との間でさまざまな要望や利益を調整しなければならない場面に直面することもある。このような場合に、法的な素養がないと、その時々で関係者の利益を半ば場当たり的に丸く収めるかたちで判断するということになりやすい。しかし、長期間にわたって多数の人を相手にするということになると、一定の基準を作って、同じようなものは同じように処理するのでないと、少なからず不満も出るだろうし、なかには強引に自分の要求を押し通そうとする人も出てくるだろう。あの人は不公平だという不満が出たり、強く言えばなんとかなると思われてしまっては、社内や取引先の信頼を得ることは到底できない。もちろん、公平を理由に新しいことを何もしない、取引先の要望にもまったく応えようとしないというのは論外だが、そうならない範囲で、公平性を考えながらルールを作り、対応するというのは、法的な素養のある人ならではのスキルである。

法学部での教育は、原則やルールに当てはめて一貫した対応をするという、このような物事の取扱い方を養うのに最適だといえよう。

● 論理的な思考力 ●

レジュメやレポートでは、法的三段論法をはじめとして、論理的に筋道の通った文章を書かなければならない。法学部では、そうしたトレーニングを通じて、自分の見解を論理的に組み立てる技術を学ぶことができる。自分の意見を論理的に組み立てて主張する技術は、自分の考えを整理するために役立つほか、将来、会社の会議などで自分の意見を述べるときにも必須のものといってよい。

たとえば、経営会議の場で、来期の主力販売商品をA製品にするかB製品にするかが議論されているとしよう。ここで、さしたる根拠もなしに、「なんとなくA製品が流行りそうな気がします」と言ったのでは、会議で賛同を得ることは難しいだろう。これに対して、「私はA製品がいいと思います。昨年度の総売り上げ数でみるとたしかにB製品のほうが多いのですが、ここ数か月に注目するとA製品の売り上げが急速に伸びてきています。ここでA製品に力を注げば、わが社の主力商品の1つに育てられると考えます」と主張すれば、説得力も増すし、たとえ自分の意見が受け入れられなかったとしても、会議での議論は実りあるものになるだろう。

また，論拠を提示する形式面でも，「私はA製品がいいと思います。その理由は3つあります。まず1つ目は……」といった形で説明すれば，非常にわかりやすいプレゼンテーションになる。複数の理由を入り混じった形で思いつくままに話したり，いつまでたっても結論が述べられないというのでは，いくらいい意見でも，聞き手に正しく理解されることは難しいだろう。
　こうした能力はほぼあらゆる職種において必要とされるといってよい。実際，企業からも，法学部出身者は他学部出身者よりも論理的に物を考える人が多いとの評価を聞くことがしばしばある。法学部卒業生が，法曹関係や公務員だけでなく，多くの民間企業に就職しているのは，法学部での学習を通じて，以上のような能力を習得しているからにほかならない。

● 多面的な利益への視点 ●

　法学の勉強をしていると，解釈あるいは立法に際して，実に多面的な利益が考慮に入れられていることに気がつくと思う。事件の原告と被告以外にも，将来出現しうる利害関係人，ある解釈や立法が行われた場合の予測される人々の行動，それが社会に対して与える影響など，さまざまな利益が考慮されている。法学の学習には，起こりうるトラブルをどれだけ想像できるかが問われる面もある。ゼミの議論でも，「あなたの主張する解釈論では，○○のような事例で不当な結果になるのではないでしょうか」，「あなたが支持する立法では，有用な取引活動までも萎縮させるのではないでしょうか」などといった議論が応酬されることがある。こうした議論を通じて，ときに自分の意見が修正され，よりよい見解が形成される。
　このような法学部での学習を通じて，ある問題が起きた場合に，現在どのような利益が問題になっているのか，将来において何が問題になりうるのかを見抜く能力が養われる。これは，いまだ顕在化していない課題を発見する能力，あるいは，リスクを察知する能力といってよいと思われる。この能力もまた，法学部卒業生の強みであり，社会のどの分野でも有用な能力である。

● 落としどころを見る目 ●

　法学の学習に際して，「妥当な結論」とか，「すわりのよい結論」という言葉

を目にすることがある。先ほど説明した法的三段論法は，論証の形式にすぎないので，その形式を備えた論証は幾通りも成り立つ。解釈論の学習においては，一方では，当事者の公平のほか，今後起こりうるトラブルを想像し，多様な利益に配慮しつつ，他方では，法的三段論法などの論証形式や，法律の目的や文言への配慮などの解釈のルールに気を配りつつ，両者の間を行ったり来たりしながら，当該事件の結論として妥当で，しかも条文の解釈として無理のない解決が模索されていく。実際の事件では，地方裁判所，高等裁判所，最高裁判所のそれぞれで見解が異なることも決して少なくないが，それも，こうした行きつ戻りつの１つの過程としてみてほしい。

　以上のような点に注意しながら，論文や判決を読み込んだり，学説や判例の変遷過程を学習し，さまざまな問題にふれていくと，しだいに，どのような結論が妥当か，あるいはすわりがよいかを見る目が養われてくる。このような単なる直感ではなく，学習を通じて養われた「落としどころを見る目」もまた，どのような職種においても有用な能力といえるだろう。

● **主体的に取り組む力** ●

　多くのゼミでは，発表の機会が何度か訪れる。したがって，１度目の報告ではレジュメのまとめ方がよくなかったので，２度目の報告ではレジュメを改善しようとか，２度目の報告ではディスカッションがうまくいかなかったので，３度目ではディスカッションの進め方を工夫してみようというように，具体的な目標を意識することで，自己の能力を向上させることができる。

　実はこうした，主体的に目的を設定し，計画を立て，必要であれば周囲を説得し，実行し，振り返ったうえで，再度トライするという流れは，社会人の働き方そのものである。新社会人に求められる能力として，しばしば即戦力といったものが挙げられるが，そこにはこうした物事に取り組む際の姿勢も含まれている。こうした取り組み姿勢はある種の癖でもあるので，ゼミのほか，サークル活動やアルバイトなどでも，指示されたことをこなすだけでなく，主体的に目的を設定し，計画を立て，取り組む姿勢を身につけてほしい。

● ゼミの勧め――まとめに代えて ●

　以上に述べた，論理的に自分の考えを組み立て，相手方に伝える能力，どのような利益が現在問題になっているのか，あるいは将来において何が問題になりうるのかを多面的に考察し，それらの利益をどのように調整するのが適切であるのかを，これまでの事例との比較や今後の社会への影響も考慮しながら考え，適切に表現し，あるいはプレゼンテーションする能力は，法律家になろうとする者だけではなく，公務員になろうとする者や民間企業への就職を考えている者にも（もちろん一般市民として社会問題を考える際にも）非常に有用なスキルである。法学部の学習では，こうした能力を訓練する場が豊富に用意されている。ゼミでの報告やレポートの作成を通じて，トレーニングを繰り返すことで，これらの能力をぜひ養っていただきたい。

　冒頭で述べたように，法学部では，まず大人数授業で法学の最低限の知識を教授した後，その知識をゼミで深めて定着させていくという教育スタイルがとられている。ただ近年，発表など負担の多いゼミの履修を避け，発言などをしなくていい講義形式の授業を好んで選択する学生が増えていると聞く。しかし，法律学習から得られる多様な能力は，とりわけゼミに参加して，実際に自分で試行錯誤しながら，レポートを作成したり，発表したり，ときには厳しい批判を浴びて準備不足を痛感したりすることによって確実なものとして習得されるものである。ぜひ，負担をいとわず，ゼミに参加してほしい。

Point

・法律学には絶対的な正解はない。重要なのは説得的な理由づけである。
・法律学習で養える能力
　① 物事を公平に扱う能力
　② 論理的に自分の考えを組み立て，相手方に伝える能力
　③ どのような利益が現在問題になっているのか，あるいは将来において何が問題になりうるのかを多面的に考察する能力
　④ それらの利益をどのように調整するのが適切であるのかを，これまでの事例との比較や今後の社会への影響も考慮しながら考える能力
　⑤ 自ら課題を設定し，主体的に取り組む能力
・これらの能力は，法律家だけでなく，どのような職種・職業においても有用なスキルである。
・ゼミに参加して，こうした能力を確実なものとしよう。

日直　原田

第Ⅰ編 法律学の表現と議論

リーガル・リポート

legal report

第1章 法律学の文章を創る

1 文書の目的・テーマを考える

　法律学の基本は文書にある。法律、法律学は、文書によって形成され、発展してきたものであり、法律を学ぶことは文書を読み解くことに始まる。また、法律を学ぶうえで目標とされる論理的な思考は、文書作成によって養成されるものといえる。このように、文書の作成は法律学の重要な鍵であり、実際、法律を学ぶうえで、文書作成はさまざまな局面で求められることになる。

　法律学における文書作成といえば、論述試験の答案もその1つといえるが、より本格的なものとしては、少人数で展開されるゼミ（演習）形式の授業で課されるレポートや報告書ということになる。また、ゼミでの学習の成果として、ゼミ論文の執筆を求められることもあるし、さらには、大学における法律学の学習の総仕上げとして、卒業論文の執筆にチャレンジする人もいるだろう。このように、法律文書といっても、試験答案からレポート、論文に至るまで、さまざまなものがあり、どのようなタイプの文書なのかによって、求められる到達目標も変わってくる。この到達目標を意識しておくことが、文書作成にあたっては重要である。以下では、まずレポート作成の目的と手法から述べていくことにしよう。

(1) レポート作成の目的と手法

● レポート作成の目的 ●
　学生が作成を求められる法律文書の基本は、レポートにあるといってよい。

試験答案に自身の学習の成果を表すべきなのはもちろんであるが、レポートにおいてこそ、単に多くの知識を得た証をたてるということにとどまらない、客観的かつ冷静に物事をとらえて分析し、論理的・説得的に思考を展開するという、法律学に不可欠な技能が正面から試されることになる。

レポート作成において求められるのは、第1に、テーマのもつ意味を正しく理解すること、第2に、その問題を明らかにするために必要となる法情報（学説や判例）を十分に集めること、第3に、それらの法情報を分析、整理し、その結果をわかりやすく表現すること、である。

もちろん、検討の結果として、これまで誰も述べていないような独自の見解を説得的なかたちで提示することができれば、それは大変にすばらしいことである。しかし、法学部での学習の初期段階にある学生に対して、教員はそこまでのことを求めているわけではない。長いこと多くの研究者が思考の限りを尽くして見解を表明しあい、それでも論争が続いている、そんな法律学の争点について、たとえ懸命に学習をしたとはいえ、独自の見解など、そう簡単に出せるものではない。無理に自説をひねりだそうとしなくとも、従来の議論をいかにきちんと整序できるか、というところに自分なりの創意をこらすことを、まずはめざしてほしい。

● レポート作成の手順 ●

レポートを作成するとなったら、まずはそのテーマに関する資料を集めることが必要である。試験準備ということなら、最低限ふだん使っている教科書1冊を熟読するだけでもよいが、レポートの作成となれば、そのテーマに関連する複数の資料を読みこなさなければならない。

多くの文献や資料を読んでいくなかで、そのテーマに関する理解が深まっていけば、レポートで書くべき内容も自然とみえてくるだろう。また、各文献に記されている筆者の主張にどのような相違があるのか、それぞれの見解がどのような関係にあるのか、ということも、文献を比較しながら考えていこう。

実際にレポートを執筆する手順としては、目次を立ててそれを徐々に細分化していく方法をとるのがよいだろう。まずはそのテーマを論じるのに必要となる柱を3〜5つ程度にまとめて、それを章にする。さらに、各章で扱おうとす

る内容を箇条書きにしてみて、それを整理しながら、いくつかの節を立てる。こうした作業を重ねていくことにより徐々に項目立てを細かく、具体的なものにしていき、そうして析出された各項目ごとに文章化をしていく。いわば、最初に箇条書きスタイルのレジュメを作ったうえで、それを文章にしていく、というイメージである。

● レポートの全体構成 ●

全体の構成としては、まずはじめに当該テーマの趣旨ないし問題の所在を提示し、そのうえで、さまざまな資料について分析や考察をする本論を展開し、最後に結論をまとめる、という流れとなる（図表 1-1 参照）。

① **問題の所在の提示**　書き出しは1つの大きなポイントである。いきなり考察をスタートさせ、学説などの紹介を書き始めたりしてはいけない。まずは、テーマのもっている意味や問題の所在を明確にすることから始めよう。大部にわたるレポートであれば、この後に行う考察の手順などをここで記しておくとよいだろう。

② **問題の検討・分析**　次は、いよいよ本論である。なにより大事なのが、章立てである。それぞれの章ごとに、何を明らかにし、分析の結果として何が得られたのかをはっきりさせること。レポート全体が「序論→本論→結論」で構成される、というのと同じことが、各章の構成についても当てはまる。そして、その章で得られた結果を受けて、次の段階の問題の検討に移る、というようにして章と章をつないでいく。こうして、レポート全体で1つの流れが形作られるように表現していこう。

③ **結論の提示**　レポートの最後には、最初に提示した問題の所在に対応する解答を、まとめとして必ず掲げる。ここで、レポートを作成した自身の見解を明らかにするよう努めてほしい。ただし、自身の見解といっても、先にも述べたように、新たな説を提示することまで求められるわけではない。従前の見解を総括するとどのように整理できるのか、ということでもよい。レポートを作成したことによって得られたことを何かしら述べておこう。

図表1-1　レポートの構成例

法学基礎演習課題 **基礎事情の錯誤における「表示」の意味** ——動機の錯誤をめぐる議論と判例を手がかりとして—— 　　　　　　　　　　　　　　　　法学部2年　〇〇　〇〇 目　次 1　はじめに 2　動機の錯誤をめぐる学説状況 　　　⋮ 5　まとめ	タイトル（副題を付けるのも効果的） 冒頭には，タイトル，氏名等のほか，必要に応じて提出年月日や科目名などを記載。 何枚にもわたるレポートであれば見出し（章や節）を抽出し，目次として掲げる。 大部のレポートならここまでを表紙に。
1．はじめに （1）問題の所在——「基礎事情の錯誤」の趣旨とその要件 　平成29年民法改正により，錯誤については，「意思表示に対応する意思を欠く錯誤」と「表意者が法律行為の基礎とした事情についてのその認識が真実に反する錯誤」に分けて規律がされるようになった（95条1項）。そして，後者の基礎事情の錯誤では「その事情が法律行為の基礎とされていることが表示されていた」ことが要件として付加されている（同条2項）。では，ここにいう「表示」とはどのような意味をもつのだろうか。 　基礎事情の錯誤は，改正前における「動機の錯誤」に相応するものと解されるが，その要件に関しては見解がさまざまに分かれていた。そうした動機の錯誤の解釈論は，新条文の解釈にも影響を及ぼすものになるはずである。そうだとすれば………… 　　　⋮ （2）本レポートの構成 　以上に記した問題を明らかにするため，本レポートでは，次のような順にしたがって検討を進める。 　まず2では，…………	レポートの本文は，問題の所在，検討すべき課題を明らかにする叙述からはじめる。 大部のものであれば，本論をはじめる前に，このレポートですすめていく検討の順序や全体構成も紹介しておく。
2．動機の錯誤をめぐる学説状況 **3．判例の検討** 　　　⋮ **4．民法改正における議論** 　　　⋮ **5．まとめ** 　以上でみてきたように，「動機が表示されて，意思表示の内容になる」という判例法理の理解をめぐる見解の対立が，改正にも大きな影響を及ぼしていた。……では，「内容化」という要素は，改正民法の「表示」の解釈にどのように反映させるべきものといえるか。………… 【参考文献】 ・森田修「錯誤：要件論の基本構造を中心に（その2）」法学教室429号（2016年）72頁以下 ・〇〇〇〇　…………	課題についての検討を順をおってすすめていく。それぞれの章では，まずその章での検討課題をはじめに示し，章末では，何が明らかになったのかをまとめる。そして，それを受ける形で，次の章の検討をはじめる。 レポートの最後は，冒頭の「問題の所在」「検討課題」に対応した解答となる「まとめ」「総括」で締める。 レポート作成にあたり参考にした文献は，末尾にまとめて掲げるか，本文中に引用注の形で挿入するかして，必ず記載する。

● わかりやすい文章表現を ●

　法律の文章に限ったことではないが，読む人にとってわかりやすい文章構成になっているか，形式を整えることにも心を配ってもらいたい。そのためにも，段落分けや見出しの挿入は重要である。たとえば，あなたがいま読んでいるこの本は，全体が9つの「章」に分けられており，各章には「1, 2, ……」，さらにその下に「(1), (2), ……」という区切りがある。また，このページの1行目にある「わかりやすい文章表現を」といった見出しも挿入されている。このような章や節といったタイトル，見出しがほとんどなく，改行もされず，文章が何ページにもわたって続いていたとしたら，どうだろう。読みにくい，というより，それだけで読む気が失せてしまわないだろうか。

　そこで，まず気をつけてもらいたいのは，適当な長さで改行を入れることである。もっとも，一文ごと改行を入れたりするのでは，かえって読みにくくなる。各段落それぞれが1つの意味のまとまりをもつものとなるようにし，それら段落の関係が明らかになるよう，段落のはじめに使う接続詞を工夫しよう。

　また，章や節に分けて文章全体の構造を示したり，見出しを入れてその段落で言いたいこと，扱うことの内容を端的に示すことは，執筆をするのに役立つのはもちろん，読み手の理解を大いに助けるものとなる。章立てなどで用いる「章」「節」，「1, 2, ……」，「(1), (2), ……」，「(a), (b), ……」といった符号を，どの階層まで使うかは，文章全体の長さによって決まる。あまり長くないのに符号の種類を多く使うと，かえって見づらくなるので注意してほしい。このほか，上手な文章作成の作法については，本章3も参照してもらいたい。

　ひととおり書き上げた段階で，全体の構成を見直してみることも重要である。たとえば，ある章だけが長くなっていて，その章の下にある節が他の章の分量を超えている，というのでは，章や節の立て方として適切とはいえない。必要なことを書いていくうち内容が盛りだくさんになって分量が膨らんだ章や節があれば，分割をして新たな章や節を立てたり，見出しを挿入したりする。そうして，それぞれの章や節，項目がバランスよく配置された格好となるように仕上げていこう。結果として，章や節，見出しを抽出して目次を作ってみて，それを見ただけで全体の流れがわかるようになっていれば，大丈夫である。

●● (2) レポート以外のさまざまな法律文書 ●●

● レジュメを作成する ●

　ゼミなど演習形式の授業で報告をする際には，レジュメの作成が求められる。レジュメ（résumé）とは，「要約」という意味のフランス語で，報告を聞く人の理解を助ける資料となるものであり，また報告後に展開される討論のための素材を提供する役割も担う。

　レジュメの作成については，ここまでに述べてきたレポートの作成に臨む姿勢を基礎としつつ，それを簡略化して示す，といったイメージである。大切なのは，報告の聞き手が一見しただけで概要をつかめるぐらいわかりやすいものにする，ということである。びっしり文章を詰め込んだようなものはレジュメではない。熟読しなければならないようなレジュメでは，参加者が報告をじっくり聞けなくなってしまう。報告を聞くための助けにしてもらうはずのものなのに，それでは本末転倒である。

　やみくもに報告対象となる資料を抜き書きしたりするのではいけない。図表化する，文章ではなく箇条書きにする，キーワードを析出するといった手法を用いて，重要なポイントが一見してわかるような，そして，全体像を簡単に把握できるようなものにしよう。なお，レジュメに文書を詰めすぎない，ということには，スペースを十分にとることによって，報告を聞きながらメモを書き込んでいってもらえるようにする，という意味もある。

　報告者の意図を明確に伝えること，そして，見解の相違等を明示することにより，後の議論を誘発する工夫をこらす必要がある。もっとも，文献講読，判例研究，テーマ研究など，報告の内容によってレジュメの形態も変わってくる。具体的な作成例については，対象とする内容別に学習方法を示した第**2**章に掲げているので，参考にしてもらいたい。

> **Column　試験答案も法律文書**
>
> 　論述形式の試験答案を書くことも，誰もが初期のころから直面する，れっきとした文書作成である。答案では，ただやみくもに覚えたことを羅列するのではなく，出題意図にそくした内容を，いかに論理的な文章に組み立てて説明できるかが勝負となる。時間内に，文献を参照せず書くという制約は付されるが，文書構成としては，レポートを圧縮した形のものが求められるのであり，逆にいえば，レポートをきちんと書けるようになれば，自然と答案構成の技量も身につくはずである。
> 　また，問いの意味を正確に理解し，それに正面から答えることも心がけよう。真に問われていることに十分応答しないで，質問と直接関係のないことばかり並べたてるのでは，何を質問されているのかがわかっていない，とマイナスに評価されてしまう。「書きゃあいいってもんじゃない」のである。時間や紙数にも制約がある。余計なことをそぎ落とし，論ずべきことを必要なだけ書き記すようにし，それによって出題の意図をきちんと理解できていることを強く印象づける答案をめざしてほしい。

● 論文を執筆する ●

　レポートや報告書では，まずもって，従前の議論を整序，分析し，提示することが求められるのであって，私見については，それに対する意見や感想といった程度でも許されるかもしれないが，論文となったら，そうはいかない。ゼミ論文と卒業論文とで求められている水準や手順に相違はないといってよいだろうが，いずれも論文というからには，執筆者自身の見解を表明することが必須であり，そのことが論文の主たる目的となる。そのため，論文では，自分なりの問題意識をもって従来の議論や判例を分析したうえで，そこから，いかに自然な流れで自身の見解を導き，説得的に提示できるかが勝負となる。

　ただし，自身の見解を提示するといっても，これまで誰も言っていない新たな説を打ち立てることが求められるわけではない。従来の学説状況を整理して学界の全体像や史的変遷を描き出し，この先の議論の行方を展望する，とか，裁判例を総合的に考察して，問題に向き合うのに有用な分析視角を見つけだす，といったことで十分である。

　全体の流れとしては，はじめに問題の所在を提示し，種々の分析を重ねてい

って、最後に結論を述べて残された課題や今後の動向を展望する、といったような具合で、レポートと基本的には変わるところがない。ただ、分量が大部のものとなるだけに、叙述がきちんと論理的に流れていくよう、全体構成には最大限の注意を払う必要がある。

また、論文を書こうというのなら、これまでに公表されている論文をたくさん読み、テーマについての理解を深めることはもちろん、それらを手本として、論理的な文章の運びや全体構成、あるいは引用注のスタイルなど、論文の体裁についても学んでいってほしい。

● ● (3) テーマの選定 ● ●

レポートの作成においては、報告者自身がテーマを選定することが求められることもある。研究論文の執筆にあたっては、テーマの選定自体が論文の評価に大きく影響するといっても過言ではない。では、テーマはどのようなところから、どのように選んでいったらよいだろうか。

● 授業にはテーマを選ぶヒントが ●

法律について何かテーマを探そうというのなら、まずは授業での教員の語り口に注目してみよう。教員は、学生に興味をもってもらいたい、ぜひ理解を深めてもらいたいと思っている重要な論点については、授業でも時間を割いて熱く語っているはずである。注目すべき判例については、事案も含めて詳しい紹介、解説がされることだろう。教員の話を聞いて「なるほどこれは面白そうだ」と思えたところはレポートのテーマとして最適といえる。逆に、教員は懸命に説明していたけれどよくわからなかった、というところも、文献などを読んで調べていくうちに俄然興味をもてるようになったりする。このように、授業にはテーマを選ぶヒントがたくさん詰まっている。

● 教科書や学習教材、論文から ●

理論的な問題を検討対象としたいということなら、基本はやはり教科書である。さまざまな学説が紹介されているところ、あるいは注でさまざまな文献が

掲げられているところは，重要論点のはずである。また，論点を解説した『法律学の争点（ジュリスト増刊）』といった学習用の教材も，テーマを選ぶのに参考になるだろう。学生向けの法律学習雑誌である『法学教室』や『法学セミナー』には，法律学習の重要なポイントを説きおこす解説や論考が種々掲げられている。バックナンバーも含め，眺め渡してみよう。

より専門的な内容のものをめざすのならば，最近さかんに議論や研究がされているのはどのようなテーマなのか，学界の動向を探ってみるのもよいだろう。『ジュリスト』や『法律時報』といった法律専門雑誌の特集記事には，最近の学界での問題関心が反映されていることが多い。なお，『法律時報』の12月号では，毎年「学界回顧」という特集が組まれており，この1年の間に公表された研究が分野ごとに紹介されている。

● 判例のなかから ●

民法では実際の紛争を意識しながら検討を進めていくのも有用である。最近の判例のなかで興味をもてそうなものをピックアップし，そこから類似の裁判事例や関連する文献を集めて読み，そのテーマの理解を深めていく，というやり方である。

判例が登載されている雑誌を最近のものから遡って順番に見ていくとか，データベースでキーワード検索をしてみる，ということでももちろんよいが，判例研究，判例評釈から調べていくほうが便利であろう。身近な判例教材（『判例百選』など）を用いてもよいし，判例研究をまとめた雑誌（『私法判例リマークス』，『重要判例解説』など）によれば，最近出された重要判例を概観することが容易にできる。

● ニュースにも題材は見いだせる ●

民法は，私たちにとっても比較的身近な私的紛争を守備範囲とする法律であるだけに，新聞記事など，日々接しているニュースなどからテーマを選定することもできるだろう。たとえば，運転手の操作ミスによりスキーツアーのバスが転落して多数の死傷者が出た，という事故が数年前にあった。このバスの運行をしていたのは，ツアーを主催し，参加者との間で契約を結んだ旅行会社と

は別のバス会社であったというが、果たして遺族は、バス会社のほか、旅行会社に対しても損害賠償を請求することができるのだろうか？――こうしたニュースを契機として、「旅行契約」「主催旅行（パック旅行）」といったキーワードを手がかりに従来の裁判例や学説を調べ、検証をしてみる、ということもできるだろう。

● 文書作成に向かないテーマ ●

いくら興味をもてそうだと思っても、実際には文書としてまとめるのが難しいテーマもある。議論が活発に繰り広げられていたり、時代によって変遷を重ねているような問題こそが重要なテーマといえるのであって、誰もが異論なく認めているようなものなら、わざわざテーマに選んで論じる必要はない。見解の対立がみられることが、テーマ選びの大前提である。

また、法律の文書は、頭の中で空想して生み出すようなものではなく、さまざまな素材に依拠してまとめていくものであるから、それに関する文献や資料などがなければ、テーマにすることはできない。見解の対立がある問題なら、必ず多くの人が研究を発表しているはずである。

● 扱うテーマは適切な範囲に ●

その文書で論ずるテーマの範囲をどこまでにするか、ということも考慮が必要である。あまりに大きな漠然としたテーマだと、問題を扱いきれず消化不良になったり、焦点がぼけたものになってしまう。逆に、扱う問題を狭くしすぎると、素材にできるものが少なくなるし、問題の本質をとらえきれないまま終わってしまう可能性もある。実際にテーマを決めて文献などの素材を調べていく過程で徐々にわかってくることだろうが、求められている文書の分量に応じて、扱う対象・範囲が適切なものとなるよう心がけてほしい。

たとえば、あるテーマについて総合判例研究をしようと思ったとき、あまりに大きなテーマにしてしまうと、扱うべき判例の数が膨大になりすぎてしまう。「安全配慮義務」というのではなく、「学校事故判例にみる安全配慮義務」とか、「最近の安全配慮義務事例の分析」といったものにするなど、自分の手におえる範囲にとどめられるよう工夫をしよう。

第 1 章　法律学の文章を創る

> **Point**
> ・文書作成に際しては，到達目標として何が求められているのかを明確に意識しておくことが重要。
> ・独自の見解を無理にひねり出すことよりも，まずは，問題の所在を明らかにし，これまでの学説や判例を読み解き，分析することに，自分なりの創意をこらそう。
> ・段落分けや章立てを工夫し，論理的に整理された，わかりやすい文章構成をめざそう。
> ・テーマは，取り組みやすいものを選び，また，扱いきれる範囲に絞り込むようにしよう。
>
> 日直　田高

2 資料を活用する・引用する

●● (1) 文献を読む作法 ●●

　法律の課題を目の当たりにして，ただ静かに目をつぶり懸命に思いをめぐらす……そんな空想からは，法律の知見は何も生まれない。先に述べたとおり，テーマを選ぶときにも，文献は重要な役割を担うことになるが，当然のことながら，テーマが決まった後には，いよいよ本格的に文献を収集し，読み進めていくことになる。問題に取り組むにあたっては，いかにして情報を集め，読み込むか，いま存在する学説や判例などを十分に理解することからスタートしなければならない。法情報の集め方については第2編の「リーガル・リサーチ」で扱うこととして，ここから先は，集めた資料をどのように使いこなし，自分で文書に表現していくのか，ということについて述べていこう。

● 著者の意図を受け止める ●

　文献を読むときには，その文献において著者が何を言いたいのかを正確に読み解くことがなによりも大事である。論文では，必ず最後にまとめとして著者の主張が提示されているはずである。そのような結論に至るのに，どのような手順でどのような論証をしているのか，著者の思考過程をたどっていこう。
　法律の研究は，先行する研究をふまえ，それを発展させていくことで成り立っているものであり，論文のなかでは，当然，先行する研究にも言及がされることになる。その際には，先行研究が機械的に並べられて紹介されるわけではなく，著者なりの視点で分析，整理がされ，著者の立論を導くことに資するようなものになっているはずである。そうした著者の着眼点を見つけながら，文献を読み進めるようにしよう。

● 複数の文献を読んで比較する ●

　筆者の意図をきちんと理解することが大前提であるとはいっても，文献を読むときに，ただやみくもに筆者の思考に寄り添い，従順であるばかりでもいけない。最終的にはその筆者の見解が正しいという判断に行き着くとしても，その過程では，つねに「本当にそうなのか？」と疑う姿勢をもって，批判的に考察することも忘れてはならない。

　そうした視点を得るためにも，1つのテーマについて複数の文献を読むことは不可欠である。論文はそれぞれ独自の視点をもって書かれているから，同じテーマを扱った論文を読めば，どこがその論文で強調されている独自の考えなのか，他の論文のどこを批判ないし問題視しているのかが明らかになってくる。他の文献でどのように扱われているのかを見ていくことによって，その論文を（批判的な観点も含め）適切に評価できるようになるだろう。

　さまざまな文献を読み，対比させ，そして整理していくなかで，自分なりの視点や考えを見つけ出してほしい。

● ● (2)　文献を使って書く作法 ● ●

● 出典を表示することの意味 ●

　すでに世の中に公表されている知見を利用して叙述をするときには，必ず参考にした文献について，筆者名やタイトル，掲載箇所といった情報を明示しなければならない。これが出典の表示である。

　出典の表示は，文書作成にあたって絶対に守らなければならない最低限のルールであり，これを破ると「剽窃（ひょうせつ）」と評価されてしまう。

　剽窃とは，他人の見解なのにそれをあたかも自身のものであるかのように発表することであり，要するに窃盗・盗作である。既存のさまざまな見解，知見というのは，相当の努力があって生み出されたものであって，その見解を生み出した人に言及しないということは，その人の手柄を横取りするようなものである。注で出典を表示することには，そうした重要な意味があるのであって，細心の注意が払われなければならない。

● 「孫引き」は厳禁 ●

　文献を参照したり引用する際のルールとして，「孫引き」が厳禁であることも知っておいてほしい。孫引きとは，ある見解に言及するにあたって，その見解を主張した元の文献（原典）を読むことなく，別の本がそれを引用して叙述したところだけを頼りに，自身の文書で原典を出典として表示したり，引用することをいう。

　ある人が主張した見解について，それをどのように受け止め，理解するかは，人によってさまざまである。ときには，その見解の内容を誤って理解し，分析を加えていることもある。その見解を主張している人が著したものを直接確認せず，誰かの目を通して分析された結果だけで判断してその見解を紹介するというのは，その見解の主張者に対して失礼であるばかりでなく，主張者の真意とは異なる理解を前提とした言われなき批判を向けることになったり，ひいてはデマを拡散させることに荷担することにもなりかねない。

　ちなみに，孫引き以前の問題として，Ａという説を紹介する箇所の出典として，Ａ説が主張されている文献ではなく，Ａ説を紹介しているＢが執筆した文献のほうを表記するというのは，明らかな誤りである。このことについては，後の(3)で具体例を挙げながら説明することにしよう。

● 文献の引用のしかた ●

　文献を参考にして叙述をするときには，なるべくその文献の内容を自分の言葉で要約する形をとるようにしよう。参考文献をそのまま引き写すのは，叙述がだらだらと長くなってしまうばかりでなく，その文献を理解するための労力を省いているとみなされかねない。要約すること自体にも，レポート執筆者の力量が試されるのである。

　もっとも，その文献の言い回しが非常に重要な意味をもっていて，以降でそれを素材に詳細な分析を加えるという場合なら，むしろ，文献の原文をそのまま抜き書きする直接引用の形をとるほうがよいだろう。レポートのなかで直接引用をするときには，その部分を「　」でくくって表記をするのがルールとなっている。そのなかで省略したい箇所があるときは，「……」や「(中略)」といったものを差し挟む。「　」で抜いた箇所の後には，出典を明らかにするた

めに必ず注を付さなければならない。

　なお、たとえ出典が明らかにされているとしても、引用の分量が多すぎるのは問題である。引用ばかりでは、他の文献（極端にいえば1つの文献）を丸写ししたのと同じことになってしまい、自分で書いたものとは評価できなくなる。

● 出典・参考文献の掲げ方 ●

　直接引用に限らず、文献を参考にして叙述した箇所については、本文に注番号を付して、参考にした文献や出典を明記しなければならない。注の内容を配置する場所については、各頁の下部にその頁の注の内容を掲げる脚注の形式であったり、章や節ごとの末尾やレポート全体の末尾にまとめたり、さまざまなものがある。見にくくならない程度で収まるというのなら、本文のなかに（　）でくくって挿入するのでもよい。

　また、全体の分量がそれほど多くないレポートなら、個々に注で出典を示すのではなく、末尾に「参考文献」として掲げる簡易の方法も許される。参考文献の表記だけにとどめてよいかはレポート課題の分量や内容にもよるが、判断が難しいというときは、担当教員に尋ねてみよう。

> **Column　注のさまざまな活用法**
>
> 　注には、参考にしたり引用をした文献を明らかにする出典表記のほかにも、いろいろな利用のしかたがある。レポートの叙述を進めていくなかで、本筋からは外れるが、もう少し突っ込んだ説明をしておきたいような事柄が出てくることもある。そうした、本文に入れて書いてしまうと話の本筋が見えにくくなってしまうようなものは、注のなかで叙述するのがよい。補足や説明のための注の活用である。注にどのぐらいの説明を割り振るのかという、本文と注のバランスの取り方なども含め、注の効果的な活用法を学術文献を参考に学んでもらいたい。

● 他人の見解と自身の見解の区別を明確にする ●

　レポートや論文はもちろん、レジュメであっても、法律文書を作成するときに注意してほしいのは、どこまでが、これまですでに論じられてきた内容なのか、そして、どこからが自身の見解なのかという、この2つを明確に区別し表記するということである。

レポートや論文では，自身の主張を提示することが必要となるが，肝心のその要素をきちんと際立たせて表現できていなければ，レポートや論文を正しく評価してはもらえない。この文書では何が言いたいのか，ということを読み手にきちんと理解してもらえるよう工夫してもらいたい。たとえば，文末を「〜と考える」「〜と解すべきである」「〜のではなかろうか」といった表現にするのも一案であるし，とくに自身の見解として強調したいポイントについては，「筆者は……」というように，主語を入れるとよいだろう。

●● (3) 文献引用の実践——何をどう引用すべきか ●●

以上に述べたことをふまえ，ある課題に対する文書を作成するにあたり，文献を参照し，引用するという作業手順を，具体例を使って説明していこう。

たとえば，「取消しと登記に関する諸見解についてまとめなさい」というレポート課題が出されたとする。学説や判例の動向を探るうえで取っかかりとなるのは，教科書ということになるであろう。そこで，いま手元には，安永正昭『講義 物権・担保物権法〔第3版〕』（有斐閣，2019年）と，佐久間毅『民法の基礎2 物権〔第2版〕』（有斐閣，2019年）（以下では，それぞれ「安永・講義」「佐久間・基礎2」と略記する）があるとして，これを手はじめに，どのようにレポート作成の作業を進めていったらよいのかをみていこう。

● 誤った引用とは ●

いくら参考にしたからといって，読んだ教科書をやみくもに注で引用したり，参考文献として掲げたりするのはおかしい。教科書には，条文や，従来の学説，判例を解説したところがある。そのような一般的な叙述，すなわちどの教科書でも同様の記述となっているような部分については，たとえ実際に読んでみて参考になったからといって，それを注に掲げてはいけない。

安永・講義の52頁以下や佐久間・基礎2の82頁以下では，「取消しと登記」に関する判例法理や，これに反対する見解として無権利（遡及的無効）説や対抗要件説などの学説が説明されている。こうした記述をレポート作成において参考にするのはもちろん構わない。しかし，著者自身の主張として述べられて

いるわけでもないのに、レポートで無権利説や対抗要件説を紹介する箇所の注として、安永・講義や佐久間・基礎2の該当頁を掲げるのはおかしい。各学説ごとに参考文献を注に記すのなら、それを実際に主張している論者の著作を掲げる必要がある。

　もちろん、従来の学説について、すべて原典を読み引用することまでは必要ないこともある。そのときには、「従来の学説状況については、○○に詳しい」といった引用注のスタイルも許される。その場合でも、できるだけ多くの文献を読んで、学説状況を概観するのに最も参考になると思われる文献を選択することに努めよう。

● 執筆者の主張はどこにある？ ●

　注で引用すべきなのは、当該文献の執筆者が独自に主張している部分である。受験参考書などとは異なり、教科書や論文、評釈というのは、執筆者自身の主張がなにかしら入っている。文献を読んでいくときには、執筆者の主張がどこにあるのかを見極めていく作業が最も重要となる（教科書のなかには、学習効果等を考慮して、あえて自身の見解を抑えた客観的な叙述がなされていることもあり、著者自身の主張が一見してはわからないこともある）。安永・講義の53頁では、取消しと登記に関する学説状況について、次のように叙述がされている。

>　「今日の学説の有力な考えは、これを取消しによる遡及的無効（貫徹）の問題として処理し、対抗問題とは構成しない。……なお、公平性の観点から、取消し時を基準とするのではなく、それより以前に取消しができる状態になった時から、民法94条2項を類推適用できるとする見解もある。しかし、民法94条2項を類推適用するときは、無権利者Bの仮装登記の存在に対する権利者Aの事前事後の承認（帰責性）が必要であり……、それは、少なくともAが取消しをなしたことによりはじめて満たされると解すべきではないか。
>
>　なお、学説には、……取消しの前後を問わず、対抗問題とする考えもある。……」

　この2つの段落において、学説のなかに大別して2つの異なる見解（遡及的無効とする説と対抗問題とする説）があることが説明されているが、注意深く読

めば，このなかで著者の意見が表されているのは，第1段落の「しかし」以降であるとわかるだろう。「……ではないか」「……と解すべきである」といった表現は，著者の見解であることのサインであり，注で引用されるべきは，まさにこうした箇所である。ちなみに，佐久間・基礎2では，著者の見解は，本文とは別立てで「補論」としてまとめて記す体裁がとられている（85頁以下）。

● 他の文献も読む ●

　レポートや論文をまとめる際には，1つの文献を基礎とするのでは到底許されず，文献を数多く読み，それらを比較してみることが必須である。
　その際，参考にしている文献に掲げられた注は大きな役割を担うことになる。「初学者に基礎的な事柄を伝える」ことを第1の目的として執筆された佐久間・基礎2では，個別の学説それぞれについて文献の引用は示されていないが，教科書のなかには，引用注が付されているものもある。たとえば，さきほど抜き書きをして示した安永・講義の53頁をみると，遡及的無効説につき四宮和夫『民法総則〔第4版〕』（弘文堂，1986年）187頁が，対抗要件説につき広中俊雄『物権法（上）』（青林書院新社，1979年）128頁以下が注に掲げられている。それぞれの説の内容を知るためには，こうした文献に直接あたって読み，引用に掲げるようにしなければならない。
　あるテーマについて調べる際，手始めとしては，手元にある教科書を用いることになるだろうが，なにせ教科書は全体の分量に限度があって，ひとつひとつの論点を詳述することはできない（佐久間・基礎2のように，著者自身の分析を紙数を割いて行っているものもあるけれど）。あくまで学説における議論の主戦場は論文であるから，深くつっこんで調べるときには，教科書を超えて，一歩先の文献も読んでみる必要がある。どのような文献があるかを調査する本格的な方法については，第9章2で説明する。

┌─── *Column* 注に示された参考文献をたどっていくと ───┐
　安永・講義の注に掲げられた文献を実際に読んでみよう。四宮・前掲書188頁および172頁をみると，取消しと登記の問題につき94条2項類推適用説がはじめて提唱されたのは幾代通の論文（「法律行為の取消と登記」於保不二雄先生還暦記念『民法学の基礎的課題 上』〔有斐閣，1971年〕所収）であり，同説では，取消し前

に第三者が現れた場合でも，取消権者が登記を除去できるのに放置していたのなら同条項の類推適用がありうるとされていることが紹介されている。そして，四宮私見としては，幾代説を基本的には支持しつつ，取消し前の登記除去放置については類推適用に必要な本人の帰責性は認めがたく，取消し後の第三者にのみ同条項の類推適用がありうると解すべきことが述べられている。引用された文献を実際に読みすすめることによって，94条2項類推適用説にもさまざまなバリエーションがあり，それら学説の相違は94条類推適用における帰責性要件のとらえ方に起因するものであること，あるいは，安永・講義に示された私見は，幾代説に疑問を呈する四宮説と立場を同じくするものであることが，はっきりわかるようになる。

　ところで，四宮・前掲書の最新版である四宮和夫＝能見善久『民法総則〔第9版〕』（弘文堂，2018年）は，改正後民法96条3項の下では，取消し後の第三者でも同条項が適用されるべきであって，94条2項類推適用はされないという，四宮旧説とは異なる見解が新たに提示された（改訂を手がけた共著者の私見＝能見説ということになる）。この見解が学界にどのように受け止められるのか，今後刊行される教科書の叙述が注目される。

● **他の論者による評価も参考に** ●

　ときには，文献に表された記述のもつ意義がよくわからないこともある。一般的にいわれていることを説明したものなのか，それとも，執筆者自身の見解なのか。執筆者の考えた独自の見解であるとして，それが他の学説との関係でどのように位置づけられるものなのか。そのようなときは，その記述が他の文献でどのように評価され，取り扱われているのかを確認するとよい。もちろんその論者の主張に対する評価のしかたは，人によって異なっていたりする。他の論者による評価を確認するときも，なるべく多くの文献に依拠することが望ましい。

　たとえば，佐久間・基礎2の85頁以下では，取消しと登記についての私見が提示されているが，松岡久和『物権法』（成文堂，2017年）161頁では，この箇所が，他の教科書や論文とともに「判例の問題処理枠組みを再評価したうえ，悪意者排除によって具体的妥当性を確保しようとする見解」として引用されており，他の文献や松岡私見との異同等についても言及されている。これを読むと，各論者が「第三者」の主観的要件についてどのような立場を採っているの

か（背信的悪意者排除か，悪意者排除か，有過失者排除か）が，取消しと登記の問題のとらえ方にも影響していることがわかる。

　学説をごく簡潔に概観する叙述のなかでは，佐久間説は，「判例法理に賛成するものもある」という形でしか言及されないかもしれない。しかし，実際にその論者の叙述を読んでみれば，ただ無批判に判例に賛成しているわけではないことがわかるだろう。結論は判例と同じでも，その主張のなかには，判例への批判に対する再反論がされていたり，判例法理のもつ意味の再定位が試みられていたり，判例の射程を明確にするようなことが含まれていたりもする。

　学説は，それまでに積み上げられてきた諸学説や判例法理の上に構築されるものであり，そうして生み出された学説は，他の論者からの評価を受け，受けた評価に対する応接・再反論を経て，さらに進展をしていくものである。結論にばかり着目をし，要領よく学説を整序することだけに終始するのではなく，各学説の思考や論証のプロセスに十分注意を払いながら，学界の議論状況を精確に把握するよう努めてほしい。

Column　通説・多数説・有力説・少数説

　教科書などで学説が紹介されるときに，「通説」「多数説」「少数説」「有力説」といった表現が使われていることが多い。通説といえば，一般に広く支持されている説を指すが，では多数説とは実際にどのように区別されるのかというと，これがなかなか難しい。さまざまな文献を読んでみて，どこでも通説という位置づけで紹介されているようなら，通説として扱ってよいだろう。ただ，学説の状況も刻々と変化するものであって，反対の説が有力化したために，現時点では「旧通説」「従来の通説」という言い方にしなければならない場合もあったりする。少なくとも，法律文書のなかで学説を紹介するときに，勝手に自分の評価で安易に通説，多数説，有力説といった位置づけをしないよう気をつけてもらいたい。

---

(4) 出典表示のスタイル

　参照ないし引用した資料（出典）の表示方法は，厳密に1つの形式が決まっているというわけではないが，しかし必ず守らなければならない一定の流儀がある。最低限必要なのは，掲げられている文献を見てみようとしたとき，その

文献を特定できる情報が掲げられていることである。

　文献の出典表示でまずもって重要なのは，執筆者名と，書名・論文名である。何かの学説を紹介するとき，そこに付される引用注には，その説が主張されている本や論文のタイトルが著者・執筆者の名とともに掲げられるべきことになる（孫引きの禁止）。また，その文献が発表された年（和暦でも西暦でもよいが，最近は西暦表示のほうが多い）も掲げられるのが望ましい。文献を特定するための情報となるばかりでなく，発表の前後関係を示すことで，どの学説がどの学説に影響を与えたのか，最初にこの説を提唱したのは誰なのか，といったことを明らかにすることができる。

　以下には，出典表示のしかたについて具体例も含め掲げてある。市販の雑誌に掲載されている論文等では，紙数の関係で，簡略化した形で出典が表記されることもあるが，しかしその場合であっても，文献を特定するために必要な情報として不足はないはずである。さまざまな資料を読み進めていくなかで，法律学における引用のスタイルについても学んでいってほしい。

● 単行本の表示 ●

①　執筆者名『書名』に続けて，引用頁（「ページ」ではなく「頁」と表記），版表示，発行年，（できれば）発行所，（必要に応じて）シリーズ名，サブタイトルといった情報を記載する。書名以下の表記法にはさまざまなものがある。

> 例）大村敦志『新基本民法 2 物権編〔第 2 版〕』（有斐閣，2019 年）54 頁
> 　　大村敦志『新基本民法 2』（有斐閣，第 2 版，2019 年）54 頁
> 　　大村敦志・新基本民法 2（第 2 版，2019 年，有斐閣）54 頁
> 　　川島武宜『民法総則（法律学全集 17）』（有斐閣，1965 年）85 頁

②　共著書（複数の人で執筆されたもの）の場合，本の表紙に記載のある執筆者または編者の名および『書名』をはじめに，次いで書誌情報（発行年や発行所など）や引用頁を記載し，引用箇所の執筆者名も〔　〕で表記する。執筆者や編者の名前は「＝」または「・」で結ぶ。3 名以上の場合は筆頭の 1 名以外を「ほか」と表記してもよい。

> 例）前田陽一＝本山敦＝浦野由紀子『民法Ⅵ〔第5版〕』（有斐閣，2019年）73頁〔前田執筆〕
> 　　道垣内弘人編『新注釈民法（6）』（有斐閣，2019年）40頁〔池田雅則執筆〕

● 論文の表示 ●

①　雑誌に掲載された論文の場合は，執筆者名「論文名」雑誌名に続けて，巻，号，頁を表記する（雑誌の表紙で「No.」と記されている場合でも，引用するときは「号」と表記する）。発行年も入れる。雑誌名は略称（第**9**章3参照）でもよい。また巻，号，頁を示す数字の間は「-」や「・」で区切るのでもよい。

> 例）小塚荘一郎「国際的な担保法の形成」民商法雑誌153巻5号（2017年）62頁
> 　　丸山絵美子「錯誤」法学教室464号（2019年）71頁
> 　　田中洋「種類債権の特定」法時91・1・129（2019年）

②　単行本に所収の論文の場合は，執筆者名「論文名」に続けて，書誌情報を表記する。記念論文集の場合は，編者に代えて献呈名を表記する。

> 例）松本恒雄「法定地上権と登記」鎌田薫ほか編『新・不動産登記講座　第4巻』（日本評論社，2000年）235頁
> 　　中田裕康「契約における更新」平井宜雄先生古稀記念『民法学における法と政策』（有斐閣，2007年）311頁

● 判例・裁判例と判例研究の表記 ●

①　判例・裁判例については，裁判所名，判決・決定の別，年月日，出典の順で記す（出典については第**8**章3を参照のこと）。最高裁判決の場合，大法廷判決については「最大判」，小法廷判決については「最判」または法廷名を入れた「最一小判」といった表記となる。

> 例）最大判平成 29 年 12 月 6 日民集 71 巻 10 号 1817 頁
> 　　→最高裁判所大法廷平成 29 年 12 月 6 日判決・最高裁判所民事判例集 71 巻 10 号 1817 頁掲載
> 　　最二小判令和元・7・5 裁時 1727・1
> 　　→最高裁判所第二小法廷令和元年 7 月 5 日判決・裁判所時報 1727 号 1 頁掲載
> 　　静岡地浜松支判平 29・4・24 金法 2074・76
> 　　→静岡地方裁判所浜松支部平成 29 年 4 月 24 日判決・金融法務事情 2074 号 76 頁掲載

　② 判例研究や判例評釈については，先に示した論文の表記法と同様であるが，表題ではなく「判批」と表記する。ただし，最高裁調査官解説（77 頁，209 頁参照）の場合は「判解」とする。

> 例）山下純司「判批」潮見佳男＝道垣内弘人編『民法判例百選Ⅰ〔第 8 版〕（別冊ジュリスト 237 号）』（有斐閣，2018 年）50 頁
> 　　谷村武則「判解」ジュリスト 1468 号 90 頁，最高裁判所判例解説民事篇平成 26 年度 1 頁

Point
・課題に取り組むうえでは，複数の文献に当たることが必須。
・文献を比較対照しながら，著者自身の主張がどこにあるのかを見極める。その箇所こそが，引用の対象とすべきところである。
・引用や出典表記には決まった流儀がある。流儀に従った正しい表記をすること。

3　説得的に表現する

●●　(1)　なぜ説得的に表現することが必要か？　●●

　法律学の文章では，なによりも読み手を説得できるように書くことが求められる。それは，次のような理由による。
　法律学で扱われる問題は，1つの「正解」など存在せず，むしろ複数の主張が成り立ち，相互に対立しているのが通常である。しかも，それぞれの主張にはそれなりの理由があるため，いずれの主張を採用することも可能である。しかし，だからといって，「それぞれ理由があるので，どの主張でもよい」というわけにはいかない。どの主張を採用するかで，保護される人と保護されない人が変わったり，社会に与える影響も変わってくるからである（このことは，日常生活で決断を迫られるときも同じである。たとえば，レストランで料理を注文するときに，「料理 a も料理 b もそれぞれ魅力があるから，どっちでもよい」では困るだろう）。
　そこで，複数の主張が成立する場合には，なんらかの形でそれらの主張に優劣をつけなければならない。その際に決め手になるのが，複数の主張を比較して，いずれがより強い説得力をもっているかである。すなわち，αという主張とβという主張を比較して分析した結果，αのほうにより強い説得力があると認められるので，αを支持するべきであるとの結論が導かれる。
　もっとも，ここで次のような疑問が出てくる。αという主張に説得力があるか，それともβという主張に説得力があるかは，どうやって決まるのだろうか。
　図表1-2にあるように，主張は「根拠」と「論証」から成り立っている。したがって，主張に説得力があるかは，根拠と論証によって決まるといえるだろう。そこで，以下では，説得力のある根拠を示すこと（(2)～(4)）と説得的に論証すること（(5)）をみていく。

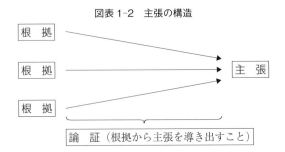

図表 1-2　主張の構造

(2) 説得力のある根拠を示すこと（その1）
　　——法律学の文章において通用する根拠とは？

　一般に，ある主張をする場合に，その主張をいくら強く叫んだとしても，それだけでは人々は納得してくれない。複数の主張が存在しているなかで，なぜその主張を支持してよいかの判断材料がないからである。たとえば，大学のボランティアサークルが学園祭に参加する場合で考えてみよう。

● 「展示会」or「たい焼きの模擬店」？

　複数のメンバーは日頃のサークル活動を発表する「展示会」を開催したいと考えているが，「たい焼きの模擬店」を出したいと希望するメンバーもいて，話し合いとなった。このとき，それぞれの希望だけを述べても，どちらの意見を採用するべきかはいつまで経っても決まらない。「日頃の活動の意義を大学外の人にアピールする絶好の機会なので展示会をやりたい」「活動資金を少しでも集めるためにたい焼きを売りたい」など，なぜその意見を主張するのか，つまり，意見の根拠が示されてはじめて，「展示会のほうがサークルのためになるな」とか「たい焼きを売ったほうがサークルの活動に役立つな」という判断ができるようになる。そして，さらに話し合いを進めていくと，「たい焼きを売っても収支はトントンで，利益はあまり出ない」とか「展示会を開いて日頃の活動を見てもらうと，その活動に賛同した人から寄付が集まり，長い目で見れば活動資金の調達にもなる」などの根拠が新たに示されることで，展示会開催案のほうがより説得力があるという結論が導かれるだろう。

このように，意見に説得力があるかどうかは，その根拠に左右されるわけである。

また，同じ例で，「展示会を開いて日頃の活動を見てもらうと，その活動に賛同した人から寄付が集まる」という根拠を示す場合に，「サークルの偉いOBの人がそう言っていたから」と説明するのと，「昨年のデータによると500人くらいの訪問者にアピールできるから」と説明するのとでは，どちらのほうがメンバーの納得を得られるだろうか。偉い人が言ったからといって説得力があるとは限らないが，データに依拠した説明だと，なるほどそのとおりだと感じられることが多いだろう。意見を主張するためになんらかの根拠を持ち出す場合でも，その根拠の種類や内容によって，説得力が変わってくるといえる。

● **法律学の文章でも同じ** ●

以上に述べたことは，法律学の文章においてもまったく同様である。法律学の問題について複数の主張が存在している場合に，どの主張を支持するか・支持しないかを検討するには，それぞれの主張の根拠がどの程度の説得力をもつかに着目すればよい。したがって，たとえば，法律学のテーマについてレポートを書くのであれば，複数の主張を挙げ，それぞれの主張がどのような根拠に基づいているかを分析したうえで，それらの根拠を比較し，どの根拠には説得力があり，どの根拠には説得力が乏しいかを検証することになる。

こうしてみると，法律学の文章においてなんらかの主張をするときには，いかに説得力のある根拠を示すことができるかがポイントとなる。その意味で，法律学の文章を「説得的に書く」とは，まずは，《説得力のある根拠を示す》ことと言い換えることができる。

● **法律学の文章において通用する根拠** ●

法律学の文章において説得力ある根拠を示すには，いくつか注意するべき点がある。次の【課題1】と【主張1】を見てみよう。

【課題1】 甲土地に建設された乙マンションは，甲土地の南側に隣接する丙土地が空き地であるため，日当たりがよかった。Aは，日当たりのよさをとくに気に入り，

マンション販売業者から乙マンション301号室を購入した。ところが、半年後、丙土地にもマンションが建設された結果、Aの購入した301号室の日当たりが悪くなってしまった。乙マンションの販売業者は、301号室をAに販売した当時、丙土地にマンション建設計画があることを知っていたが、Aから「丙土地にはマンションなどが建つ予定がありますか？」と質問された際に、「マンションが建つ予定はありません」と答えていた。

Aは、乙マンションの販売業者に対し、この売買契約をなかったことにしてほしいと要望している。Aの要望は民法上認められるか。

【主張1】 Aは日当たりのよさを重視して乙マンション301号室を購入したのに、その後、丙土地にマンションが建ったために日当たりが悪くなったのだから、Aがかわいそうである。他方で、販売業者は丙土地のマンション建設計画がないと答えたのだから、販売業者が悪い。したがって、Aの要望を認めるべきである。

この【主張1】を読んで、皆さんは説得されるだろうか。

【主張1】（Aの要望を認めるべきである）を支えているのは、「Aがかわいそう」「販売業者が悪い」という根拠である。つまり、「かわいそう」「悪い」という憐みや善悪の感情が根拠になっている。しかし、このような感情は、ちょっとした事情に左右されてしまう。たとえば、Aがマンションを何部屋も買えるくらい大金持ちであれば、「そんなに裕福なら、日当たりの悪い301号室を買ったとしても、かわいそうではない」となるかもしれない。また、販売業者の経営状態が悪ければ、「お金に困っていてどうしても乙マンションを売りたかったのだから、ウソをついてもしょうがない」と考える人も出てくるだろう。結局、感情を根拠にすると、受け手がどのような感情をもつかで、根拠の説得力の有無や強弱が大きく左右されてしまうことになる。

これに対して，法律学の文章において通用する根拠とは，法律学（【課題1】でいえば民法）の世界において一般的に承認された原理・原則や制度に基づくものでなければならない。このような根拠は，法律に関わる人々のなかで広く承認されており，感情に左右されずに通用する安定的なものであるからこそ，説得力も認められるわけである。したがって，レポートや論文を説得的に書くには，法律学の文献を丹念に調査して，法律学の世界で通用する根拠を的確に見つけ出すようにしなければならない。

● 法律学の世界で通用する根拠に言い換えると…… ●

　それでは，【主張1】の根拠を，感情ではなく，法律学の世界で通用する根拠にしてみよう。

　民法を勉強すると，民法96条1項に，詐欺・強迫による意思表示の取消しという制度を見つけることができる。これは，「詐欺・強迫という取引相手や第三者の不当な介入によって，表意者の意思形成がゆがめられ，表意者が不本意な意思表示をしてしまった場合には，その意思表示を取り消すことができる」という制度である。この制度の説明を利用すれば，「Aがかわいそう」「販売業者が悪い」という感情に基づく根拠を，**図表1-3**のように，法律学の世界で通用する根拠に言い換えることができるだろう。その結果，「Aは，販売業者の詐欺によって乙マンション301号室を購入するという意思表示をしたことを理由に，その意思表示を取り消すことができる（民法96条1項）」と主張することによって，売買契約をなかったことにすることができる。

図表1-3
言い換え

	感情 ➡	法律学の世界で通用する根拠
A側の事情	Aがかわいそう	Aは，意思形成をゆがめられて，不本意な意思表示をした
販売業者側の事情	販売業者が悪い	販売業者は，Aの意思形成に対し，詐欺という不当な介入をした

(3) 説得力のある根拠を示すこと（その2）
—— 別の根拠との比較

● 詐欺による意思表示の取消しに似ているけれども…… ●

　法律学の世界で通用する根拠は，必ずしも1つだけとは限らない。むしろ，法律学の世界において一般的に承認された原理・原則や制度に基づく根拠は，複数存在しているのが通常である。次の【課題2】と【主張2】で考えてみよう。やや難しい内容が含まれているが，気合を入れて挑戦してもらいたい。

【課題2】　甲土地に建設された乙マンションは，甲土地の南側に隣接する丙土地が空き地であるため，日当たりがよかった。Aは，日当たりのよさをとくに気に入り，マンション販売業者から乙マンション301号室を購入した。ところが，半年後，丙土地にもマンションが建設された結果，Aの購入した301号室の日当たりが悪くなってしまった。乙マンションの販売業者は，301号室をAに販売した当時，丙土地にマンション建設計画があることを知っていたが，このことをAには黙っていた。

　Aは，乙マンションの販売業者に対し，この売買契約をなかったことにしてほしいと要望している。Aの要望は民法上認められるか。

【主張2】　販売業者は，301号室をAに販売した当時，丙土地にマンション建設計画があることを知っていたが，このことをAには黙っており，これは民法96条1項の詐欺に当たる。そして，Aは，販売業者のこのような詐欺によって，乙マンション301号室を購入するという意思表示をしている。したがって，Aは，その意思表示を取り消すことができ（民法96条1項），これによって売買契約をなかったことにできる。

● 【主張2】の根拠を分析する ●

　【主張2】では，詐欺による意思表示の取消しという制度（民法96条1項）に基づく根拠，つまり，法律学の世界で通用する根拠が示されている。そのため，この根拠には何の問題もなく説得力があるように思えるが，実はそうでもない。

　【課題1】と【課題2】を比較してみよう。【課題1】では，乙マンションの

販売業者は，301号室をAに販売した当時，丙土地にマンション建設計画があることを知っていたが，Aから「丙土地にはマンションなどが建つ予定がありますか？」と質問された際に，「マンションが建つ予定はありません」と答えていた。これに対して，【課題2】では，乙マンションの販売業者は，丙土地にマンション建設計画があることを知っていたのは【課題1】と同じであるが，「このことをAには黙っていた」だけであり，Aから質問されてウソを答えたという事実はない。つまり，販売業者は，【課題1】では積極的にウソの回答をしたのに対し，【課題2】では単に黙っていただけ，という違いがみられる。

【課題1】のように積極的にウソの回答をした場合には，販売業者が詐欺をした，そして，その詐欺によってAは乙マンション301号室を購入する意思表示をしてしまった，といえる。

これに対して，【課題2】のように単に黙っていただけの場合はどうだろうか。

1つは，次のような考えがありうる。販売業者は，丙土地にマンション建設計画があるという情報を知っていたにもかかわらず，それを告げなかったのだから，積極的にウソを言ったわけではないけれども，Aをだましたも同然である。その結果，Aは，自己の意思形成をゆがめられ，不本意な意思表示をしてしまった。そうであれば，【主張2】のいうとおり，Aは，詐欺を理由として自己の意思表示を取り消すことができてよい。

● 別の根拠が存在することもある ●

しかし，【課題2】については，別の考えも成り立つ。

物を売買する場面を思い浮かべると，当事者は，自分でいろいろな情報を集めて，この物を売るか・買うか，売買するとして価格をいくらにするか，などを真剣に考えるはずである。その際，たとえば，情報をたくさん集めた売主が，その情報を活用して，買主に買ってもらえるようにセールストークをしたり，売買代金を高めに設定して買主の反応を探るなど，買主との交渉を有利に進めて，自分に有利な内容の契約を買主と結ぶことは，普通に行われているし，禁止されてもいない。そうすると，【課題2】において，販売業者が，丙土地に

マンション建設計画があることを知っていたにもかかわらず，その情報をAに告げなかったことが，当然にAに対する詐欺に当たるとはいえないだろう。販売業者としては，自分が得た情報を活用して（【課題2】ではその情報をAに知らせないで），自分に有利な売買契約をAと結んだにすぎないからである。

　以上の考えには，法律学の世界で通用する根拠がある。民法は，私人が対等な立場に立つことを前提としていることから，「契約を結ぼうとする当事者は，契約を結ぶかどうかを決めるために必要な情報を自ら集めるべきである」のが原則だとされている。この原則によれば，Aは，乙マンション301号室を購入するにあたり，日当たりに関する情報を自ら集めるべきであり，その反面，販売業者の側で，丙土地のマンション建設計画をわざわざAに説明してあげる必要はない。こう考えると，販売業者が丙土地のマンション建設計画をAに説明しなかったとしても，それはAに対する詐欺にはならない。むしろ，Aの側で，情報収集に失敗したリスク──丙土地にマンションが建つことで301号室の日当たりが悪くなること──を引き受けなければならず，詐欺による意思表示の取消しなどは認められないことになる。

● どちらの根拠に説得力があるかを検討する ●

　以上のように，【課題2】をめぐっては，民法の世界で通用する2つの根拠が対立している。それをまとめたのが，図表1-4である。

　これをふまえて，次に，どちらの根拠に説得力があるかを検討する必要がある。

　たとえば，【課題2】において，「契約を結ぼうとする当事者は，契約を結ぶかどうかを決めるために必要な情報を自ら集めるべきである」という根拠は，広く通用するものだろうか。

　一方で，Aの立場に立つとどうだろうか。販売業者は業者として高度な知識や情報を有しており，情報の収集・分析能力も高いのに対して，Aが一般人だとすれば，それほどの知識や情報を有しておらず，情報の収集・分析能力も高くない。このようなAが，丙土地にマンション建設計画があるかなどの情報を自ら集めるべきだったといえるだろうか。むしろ，知識と情報をもち，情報の収集・分析能力にも優れている販売業者の側が，丙土地のマンション建

図表 1-4 【課題 2】における 2 つの根拠

		販売業者が黙っていたこと	根　拠
A は，販売業者の詐欺によって乙マンション 301 号室を購入するという意思表示をしたことを理由に，その意思表示を取り消すことが……	できる	詐欺に当たる	詐欺・強迫といった取引相手や第三者の不当な介入によって，表意者の意思形成がゆがめられ，表意者が不本意な意思表示をしてしまった場合には，その意思表示を取り消すことができる。
	できない	詐欺に当たらない	契約を結ぼうとする当事者は，契約を結ぶかどうかを決めるために必要な情報を自ら集めるべきである。

設計画の情報を A に説明するべきであろう。それにもかかわらず，販売業者がその情報を黙っていたことは，積極的にウソの回答をした場合（【課題 1】）と同様に，A に対する詐欺に当たるといえそうである。

　他方で，販売業者の立場からは異なる見方ができる。マンションを購入する動機は人それぞれであり，日当たりを重視する人もいればそうでない人もいる。A が「日当たりを重視している」と販売業者に知らせていた場合はともかく，何も知らせていない場合まで，販売業者が丙土地のマンション建設計画を A に説明しなければならないというのでは，販売業者の負担が重くなりすぎる。むしろ，そこまで日当たりを重視している A は，その情報を自ら集めるべきであろう。また，甲土地と丙土地がマンションの建ち並ぶ地域にあるならば，丙土地にも同じようなマンションが将来建設されることは誰でもわかることであり，A も容易に情報を収集できるはずである。そうすると，上記の根拠どおり，A が自ら情報を集めるべきであり，情報収集の負担を販売業者に押しつけるのは妥当でないだろう。

　このようにして，複数の根拠が存在して対立している場合には，それぞれの根拠に説得力があるか，その説得力がどれくらい強いかなどを，さまざまな観点──【課題 2】では A の立場と販売業者の立場──から検証し，どちらの

根拠により強い説得力があるかを決めていくことになる。

● 説得力のある根拠を示すための注意点 ●

【課題1】および【課題2】を手がかりとして，法律学の文章において説得力ある根拠を示すための作業をみてきた。とくに注意するべき点をまとめておこう。

第1に，説得的に表現するためには根拠を示す必要があるが，その根拠は，法律学の世界において一般的に承認された原理・原則や制度に基づくものでなければならない。【主張1】でみたように，「Aがかわいそうだ」というような感情論や印象論を排して，法律学の世界で通用する根拠を示すことが求められる。そのためには，法律学の世界で承認されている原理・原則や制度を普段から勉強し，また，レポートや論文を作成する際には，そのような原理・原則や制度を丁寧に調査することが重要である。

第2に，【課題2】でみたように，法律学の問題では複数の主張が対立していることが多い。そこで，自分の支持する主張の根拠を他の主張の根拠と戦わせて，自分の支持する主張の根拠のほうがより一層説得力をもつことを示さなければならない。その際には，さまざまな角度や視点から，それぞれの根拠にどれほどの説得力があるかを検証する必要がある。たとえば，対立する他の根拠からみて，自分の支持する根拠にはどのような弱点があるか，反対に自分の支持する根拠にはどのような強みがあるかを考えてみるとよい。また，争っている当事者それぞれの立場に立って，根拠を吟味するのも有用である。【課題2】では，Aと販売業者それぞれの立場から考えたことにより，「契約を結ぼうとする当事者は，契約を結ぶかどうかを決めるために必要な情報を自ら集めるべきである」という原則がつねに通用するわけではないことが明らかにされた。

```
┌─────────────────────────────────────────┐
   Column  条文の解釈に用いられる根拠

  法律学では，条文の意味をめぐって解釈が対立する。このときにも説得力のある根拠を示すことが必要となるが，その際には，次のような根拠が用いられることが多い。少しずつ慣れて活用できるようにしよう。
  ①立法者の意思（「立法の際の議事録によると，○○の趣旨でこの規定が設けら
└─────────────────────────────────────────┘
```

れた」)，②起草者の意思（「民法△△条を起草した梅謙次郎は○○の趣旨でこの規定を起草していた」)，③日本法の母法（「民法△△条の母法であるフランス法では○○の解釈が採用されているから，民法△△条においても同様の解釈が採用されるべきである」)，④外国法との比較（「△△の問題について，諸外国では○○の見解が採用されているから，日本においても同様の見解が採用されるべきである」)，など。

(4) 説得力のある根拠を示すこと（その3）——根拠の内容

　法律学のレポートや論文を読むと，法律学の世界で通用する根拠が示されているようでありながら，実はその根拠の説得力が弱いというケースがよくみられる。ここでは，そのようなケースをいくつか取り上げて，どのような根拠であれば説得力が増すのかを考えてみよう。
　次の【テーマ】に関する【主張3】と【主張4】は，それぞれ説得力があるだろうか。

【テーマ】　民法94条2項は，虚偽表示（表意者が相手方と通じてする真意と異なる意思表示）による無効は善意の第三者に対抗することができないと規定している。これは，善意の第三者は虚偽表示を有効なものと扱ってよいとして，善意の第三者を保護する趣旨である。しかし，この規定をめぐっては，善意無過失の第三者のみが保護されるべきであり，したがって，虚偽表示による無効は善意無過失の第三者に対抗することができないと解すべきだとする見解も有力である。
　この問題について，次の【主張3】と【主張4】が述べられた。

【主張3】　判例・通説によれば，虚偽表示をした者は，自ら意図してそのような意思表示をした点で帰責性が大きく，そのこととの均衡上，第三者は善意であれば保護してよいとする。判例・通説がこのように言っているのだから，虚偽表示による無効は善意の第三者に対抗することができないと解するのが妥当である。

【主張4】　民法で有名な○○先生は，虚偽表示をした者の帰責性が大きいことから，そのこととの均衡上，第三者は善意であれば保護されてよいと言っている。たしか

に，虚偽表示をした者は自ら意図してそのような意思表示をした点で帰責性が大きく，この主張内容は妥当である。したがって，虚偽表示による無効は善意の第三者に対抗することができないと解すべきである。

● 判例や先生ではなく，根拠の内容で勝負！ ●

　法律学のレポートや論文を作成する際には，テーマに関する判例や文献などを調べるはずである。そして，判例や文献を読むと，どのような主張がなされているか，その主張に説得力があることを示すためにどのような根拠が用いられているか，などがわかる。このようにして調査した結果は，レポートや論文を書くときに大いに参考にしてよい。

　ところが，ここに意外な落とし穴がある。

　判例や文献をいろいろ調べていくと，どうしても，「判例・通説がこう言っているから，判例・通説と同じように解釈するのが妥当だ」とか，「有名な○○先生が支持しているのだから，この見解に賛成するべきである」という主張が出てきやすくなる。【主張3】は，これらの例に当てはまる。しかし，このような主張は，判例・通説や○○先生に権威があること──権威ゆえに誰もがそれに従うべきこと──を根拠としているにすぎず，それだけでは説得力があるとはいえない。

　むしろ，判例・通説や○○先生の述べている内容が，法律学の世界において一般に承認されている原理・原則や制度に照らして説得力があるかどうかを確認する必要がある。【主張4】は，○○先生の見解を紹介しているが，「○○先生の見解だから同じように解すべきだ」とは主張していない。民法94条2項の趣旨（「虚偽表示をした者は自ら意図してそのような意思表示をした点で帰責性が大きく」）に照らして○○先生の見解に説得力があるかどうかを吟味し，○○先生の見解は説得力がある（「この主張内容は妥当である」）と判断したうえで，これを根拠として挙げているからである。つまり，94条2項の趣旨──法律学の世界において一般に承認されている原理・原則や制度──が主張の根拠になっており，○○先生の存在はその補強材料（その根拠を支持する人がいること）にすぎない。

以上のように，判例・通説や有名な〇〇先生が主張を述べていても，そのこと自体を根拠として使えるわけではない。判例・通説や有名な〇〇先生は，その主張内容に説得力があるからこそ判例・通説とよばれ，あるいは有名になっているのである。判例・通説や〇〇先生の主張を支える根拠に目を向け，その根拠に説得力があるかどうかを確認するようにしよう。

● 必要性と許容性 ●

　根拠を示す際には，「必要性」と「許容性」の2つの観点を意識することが望まれる。
　「必要性」とは，ある主張を採用することが必要だという根拠である。先の【テーマ】(49頁)についていえば，第三者が虚偽表示であることを知らなかった場合（つまり善意の場合）には保護を与える必要がある，したがって，虚偽表示による無効は善意の第三者に対抗することができないと解すべきである，という根拠である。
　しかし，根拠として必要性を述べるだけでは，不十分である。仮にその主張を採用することが必要だとしても，法律上禁じられていたり，関係者の利益を著しく害したり，社会に大きな混乱を招いたりするのであれば，その主張を採用することは許されないと考えられるからである。
　そこで，必要性だけでなく「許容性」，すなわち，その主張を採用することが許容されるという根拠を示すことも求められる。「許容される」という意味は，その主張を採用することが法律上許されるという意味だけでなく，関係者の利益を害したり社会に多少の混乱を招くことになってもやむをえない理由があるなど，広い意味を含むものである。
　この「許容性」を先の【テーマ】に当てはめれば，次のようになるだろう。
　虚偽表示をした者は，虚偽表示による無効を善意の第三者に対抗することができず，その結果，善意の第三者との関係では，本来は無効である虚偽表示をあたかも有効なものとして扱われてしまうという不利益を受ける。そこで，善意無過失の第三者にのみ対抗することができないと解することで，虚偽表示をした者をもう少し有利に取り扱うことも考えられる（このように解すると，善意だが過失のある第三者には無効を対抗できるようになり，その分だけ，虚偽表示をした

者が有利になる)。

　しかし、①【主張4】が述べるように、虚偽表示をした者は自ら意図してそのような意思表示をした以上、その帰責性が重いから、それに伴う不利益を受けてもやむをえない。したがって、虚偽表示による無効は、善意の第三者に対抗することができない（善意無過失の第三者だけでなく、善意だが過失のある第三者にも対抗できない）と解することが許容される。しかも、②以上の解釈は、民法96条3項のルールともバランスがとれている。同項によると、詐欺によって意思表示をした者は、詐欺による意思表示の取消しを善意無過失の第三者に対抗することができない。だまされて意思表示をした者の帰責性が小さいことを考慮して、善意無過失の第三者にのみ対抗することができない（善意だが過失のある第三者には対抗することができる）としたわけである。これに対して、虚偽表示をした者の帰責性は大きいから、詐欺によって意思表示をした者と比べて、不利に取り扱われてもやむをえない。この点からみても、①の結論が許容される。

　このように、「必要性」と「許容性」の両方をバランスよく提示することができれば、それらの根拠に支えられた主張は、より一層説得的になる。

● Column　統計データ等の活用 ●

　社会で〇〇の問題が起きていることなどを説得的に示すには、統計データ等を活用するのが有益である。法律学の文章でも、このようなデータが用いられる。
　たとえば、近時、住宅において空き家の割合が増加し、空き家の放置や管理に関する法的問題にどのように対応するか（空き家問題などとよばれている）が議論されている。仮にこのテーマについてレポートを作成するならば、まずは、そもそも空き家の割合が増加している事実を明らかにしておく必要がある。そのためには、新聞で報道されていたとか、△△先生の論文にそう書いてあったと述べるだけでは不十分であり、統計データを用いるのが望ましい。そこで、たとえば、総務省が5年ごとに実施している「住宅・土地統計調査」を調べてみよう。総住宅数に占める空き家数が調査されているので、このデータを活用すると、総住宅数に占める空き家の割合（空き家率）が年々上昇している事実を説得的に示すことができる。

●● (5) 説得的に論証すること ●●

● 論証とその重要性 ●

　根拠から主張を導き出すことを「論証」という。法律学の文章はもちろんのこと，学術的な文章を書くときには，根拠を示すだけでなく，説得的な論証をすることも求められる。
　しかし，論証が重要だといわれても，あまりピンと来ないかもしれない。そこで，具体例を挙げてみよう。
　たとえば，「集中豪雨が3時間以上続くと，この川は氾濫する」という根拠aと「今日，この川は氾濫した」という根拠bがあり，いずれも正しい根拠であるとして，これらの根拠から「今日は集中豪雨が3時間以上続いたはずだ」という主張cを導き出すことができるだろうか。
　一見すると何の問題もなく導き出せそうだが，そうではない。仮にこの川の上流のダムが壊れて，貯まっていた水が流れ出したときも，川が氾濫することはある。つまり，川が氾濫したからといって，「今日は集中豪雨が3時間以上続いたはずだ」とは必ずしもいえない——ダムが壊れて川が氾濫した可能性も残っている——わけである。したがって，根拠aと根拠bがいくら正しくても，これらの根拠から主張cを導き出すのは妥当でない。
　それでは，「集中豪雨が3時間以上続くと，この川は氾濫する」という根拠dと「今日は集中豪雨が5時間続いた」という根拠eから，「今日はこの川は氾濫したはずだ」という主張fを導き出すことはできるだろうか。
　この例では，先ほどの例とは異なり，根拠dと根拠eが正しければ，そこから主張fを論理的に導き出すことができる。「集中豪雨が5時間続いた」こと（根拠e）は，「集中豪雨が3時間以上続く」に含まれる出来事であるため，根拠dにあるとおり，この川は氾濫することになるはずだからである。
　以上からわかるように，いくら根拠を挙げたとしても，その根拠から説得的なかたちで主張を導き出していなければ，その主張は説得力をもたない。論証に失敗すれば，説得力のある根拠も台無しになってしまうわけである。その意味で，説得力のある根拠を示すだけでなく，その根拠から主張を導き出すプロ

53

セス，すなわち論証にも十分に注意してほしい。

● 法的三段論法を活用する ●
　法律学で用いられる代表的な論証として，法的三段論法がある。これは，「①AはBである」→「②CはAである」→「③よってCはBである」という論証であり，すでに「はじめに」3でも触れた。
　たとえば，次の【論証1】のようなかたちで法的三段論法は用いられる。

【論証1】
　① 強迫による意思表示は，取り消すことができる。
　② Xさんがした意思表示は，強迫による意思表示である。
　③ よって，Xさんがした意思表示は，取り消すことができる。

　これは，以下のように，法的三段論法の構造になっていることがわかる。
　① 強迫による意思表示（A）は，取り消すことができる（B）
　② Xさんがした意思表示（C）は，強迫による意思表示（A）である
　③ よって，Xさんがした意思表示（C）は，取り消すことができる（B）
　法的三段論法は，①②の根拠から③の主張を論理的に導き出す論証として承認されており，③の主張の説得力を強力に支えてくれる。したがって，レポートや論文を作成するときに，積極的に用いるとよいだろう（実は，先ほど取り上げた川の氾濫の例で，根拠dと根拠eから主張fを導き出した論証が，法的三段論法と同じ構造になっていることに気づいただろうか？）。

● 誤った論証 ●
　ところが，論証が誤って用いられることも意外と多い。次の【論証2】は，法的三段論法に似たようなかたちをとっているが，果たして妥当な論証といえるだろうか。

> 【論証2】
> ①　成年被後見人の法律行為は，取り消すことができる。
> ②　詐欺による意思表示は，取り消すことができる。
> ③　よって，詐欺による意思表示とは，成年被後見人の法律行為である。

【論証2】は，次のように，「①AはBである」→「②CはBである」→「③よってCはAである」という構造になっている。つまり，根拠①と根拠②から，主張③「詐欺による意思表示とは，成年被後見人の法律行為である」が導き出されている。

①　成年被後見人の法律行為（A）は，取り消すことができる（B）
②　詐欺による意思表示（C）は，取り消すことができる（B）
③　よって，詐欺による意思表示（C）とは，成年被後見人の法律行為（A）である

このうちの①と②は，根拠としていずれも正しい。①は民法9条本文に，②は民法96条1項にそれぞれ規定されているからである。

しかし，①と②が根拠としていくら正しくても，これらから③の結論を導き出すのはおかしい。【論証2】は，「取り消すことができる」（B）をいわば接着剤として，「詐欺による意思表示」（C）を「成年被後見人の法律行為」（A）と結びつけている。ところが，「取り消すことができる」（B）のは，「法定代理人の同意を得ていない未成年者の法律行為」（D）もあれば，「強迫による意思表示」（E）もある（民法5条2項・96条1項）。そうすると，「詐欺による意思表示」（C）は，「取り消すことができる」（B）を接着剤として，「法定代理人の同意を得ていない未成年者の法律行為」（D）や「強迫による意思表示」（E）とも結びつく可能性がある。それにもかかわらず，「詐欺による意思表示」（C）が「成年被後見人の法律行為」（A）とだけ結びつく，すなわち，「詐欺による意思表示とは，成年被後見人の法律行為である」という主張③は導き出せないはずである（図表1-5参照）。

したがって，「①AはBである」→「②CはBである」→「③よってCはAである」という論証は，誤った論証だといえる。ちなみに，先ほどの川の氾濫の例で，根拠aと根拠bから主張cを導き出したのも，このパターンの

誤った論証である。

図表 1-5　誤った論証の構造

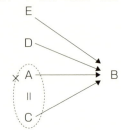

● 正しい法的三段論法 ●

　これに対して，先ほどみた，法的三段論法である【論証1】はどうだろうか。
　【論証1】では，「強迫による意思表示」(A) がいわば接着剤となって，「Xさんがした意思表示」(C) と「取り消すことができる」(B) とを結びつけている。ここでも，「取り消すことができる」(B) のは，「法定代理人の同意を得ていない未成年者の法律行為」(D) もあれば，「強迫による意思表示」(E) もある。しかし，これらがあるからといって，「Xさんがした意思表示」(C) と「取り消すことができる」(B) との結びつきが否定されるわけではない（図表1-6参照）。この点が，先ほどの【論証2】と大きく異なっている。
　したがって，【論証1】のような法的三段論法は，根拠①と根拠②から主張③が論理的に導き出されており，正しい論証だといえる。

図表 1-6　正しい論証（法的三段論法）の構造

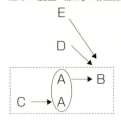

● 説得的な論証を身につけるには ●

　法律学の文章（に限らず学術的な文章）で用いられる論証には，そのほかにも

さまざまなものがある。

　たとえば，法律学でよく用いられる「類推」という手法がある。これは，「事態Aについてルール B が適用される」場合に，「事態 A そのものではないが，重要な点において事態 A と類似している事態 C」についても，ルール B を適用するというものである。これも，「事態 C が重要な点において事態 A と類似している」という根拠から，「事態 C にもルール B を適用するべきである」という主張を導いている点で，論証の1つといえる。

　論証について詳しく学ぶには，論理学の授業を受講したり，論理学の入門書（たとえば，野矢茂樹『入門！　論理学』〔中公新書，2006年〕）を読むのが望ましい。もっと手軽な方法として，普段読んでいる教科書や判例から論証を学ぶこともできる。教科書や判例ではさまざまな論証が用いられているので，これらを読む際には，主張と根拠を確認したうえで，根拠から主張がどのように導かれているか，つまり，どのような論証が使われているかを意識するとよいだろう。そして，レポートや論文を作成するときには，教科書や判例に出てきた論証を自分でも積極的に使ってみる――"真似してみる"――ことを勧めたい。

　なお，論証が妥当かどうかのチェックについては，第**3**章3でも取り上げている。併せて参照してもらいたい。

●● **(6) 文章表現のしかた** ●●

　残念なことに，学生の提出したレポートや答案を読むと，一文が10行以上も続く，何頁にもわたり改行がない，接続詞が正しく使われていない，修飾語がどの語を修飾しているかわからないなど，日本語の文章として読めないものが多数ある。

　これは，説得的に表現する以前の，「文章表現」そのものの問題である。自分の言いたいことを確実に伝えるために，文章表現のしかたをしっかりと身につけなければならない。とくに難しいことが要求されるわけではなく，高校までの授業で学んだことを思い出せばよい。最低限注意するべき点として，以下を挙げておく。

① 一文で述べることは簡潔にし，一文が長くならないようにすること。とくに，「……だが，……であるが，……となるが……」というように，「が」の使いすぎに注意するべきである。また，一文が長くなればなるほど，文の構造が複雑になり，言いたいことが伝わりにくくなったり，矛盾した内容を書いてしまうことが多くなる。

② 内容のまとまりごとに，適切な頻度で改行すること。もっとも，試験の答案によくみられる，一文ごとに改行するような書き方もするべきでない。あくまでも，内容のまとまりに合わせて改行することが重要である。

③ 一文の中で，主語と述語を対応させること。①とも関係するが，一文が長くなればなるほど，主語と述語が対応しなくなったり，主語か述語が抜け落ちてしまう危険性が高くなる。

④ 接続詞の意味を理解し，適切に使うこと。とくに，「したがって」，「しかし」，「また」，「そこで」，「つまり」などを適切に使えるようにする。接続詞は文と文をつなぐ重要な役割を果たしているだけに，これが適切に使われていないと，著者が何を言いたいのかがわからなくなる。

⑤ 修飾語がどの言葉を修飾しているのかを明確にすること。たとえば，「不真面目な授業をサボっている学生」と表現すると，「不真面目な授業」なのか，「不真面目な学生」なのか，明確でない。そこで，「授業をサボっている不真面目な学生」と修飾語の順序を入れ替えたり，「学生は不真面目な授業をサボっている」などと書き換えると，どの言葉がどの言葉を修飾しているかがわかりやすくなる。

⑥ 「である」調で書き，「ですます」調と混合させないこと。法律学の文章は，「である」調で書くのが通常である。

⑦ 誤字・脱字がないように何度かチェックすること。ワープロで文章を作成するようになってから，誤字・脱字がとても増えている。ワープロの文章校正機能などを活用したり，プリントアウトして読み直すとよいだろう。

このような注意点は，頭ではわかっていても，実際に文章を書いて実践してみないとなかなか身につかない。レポート，論文，答案などを作成するときには，文章表現のしかたをつねに意識するようにしよう。

なお，文章表現のしかたに関する有用な手引きとして，木下是雄『理科系の作文技術』（中公新書，1981年），本多勝一『＜新版＞日本語の作文技術』（朝日文庫，2015年），井田良ほか『法を学ぶ人のための文章作法〔第2版〕』（有斐閣，2019年）を挙げておく。これらの本で取り上げられた技術を実践すると，自分

の言いたいことを正確に伝えられるようになり,「説得的に」表現することにもつながるので,一読を勧めたい。また,最近では,学術的文章・レポートの書き方に関する講座やマニュアルを提供する大学が増えており,文章表現のしかたが取り上げられることも多いので,積極的に活用するとよいだろう。

> *Point*
> ・対立する複数の主張の優劣を決めるのは,説得力の強弱である。
> ・法律学の文章において通用する根拠とは,法律学の世界において一般に承認されている原理・原則や制度に基づく根拠である。
> ・根拠を示す際には,根拠の内容や必要性・許容性の観点に配慮しよう。
> ・根拠から主張を導き出すプロセス(論証)も重要である。法的三段論法などの論証を使えるようになろう。
> ・文章表現のしかたを軽視してはならない。日本語として読める文章を!

■発展・一歩先へ

判例に学ぶ説得的な文章

　前節までに，説得的な理由づけや文章表現のイロハについて一通り解説した。本節では，ここまで学んだことを基礎として，法律文書のなかでもとくに高い説得性が必要とされる判決文を読みながら，説得的な文章とはどういうものかをさらに考えてみたい。なお，裁判制度の仕組みや判例の読み方については，第2章で説明があるので，本節の内容を難しいと感じる読者は，後回しにしてもらっても構わない。

● 国立マンション訴訟 ●

【事案】 国立駅から南に延びる通称「大学通り」は，両側に桜とイチョウの木々が並び，通り沿いの大部分の地域につき建物の高さ制限があり，街路樹と周囲の建物とが高さにおいて連続性を有し，調和のとれた景観を呈している。ところが，この通りの南端に位置し，高さ制限のなかった土地を取得したマンション事業者Yが，そこに高層マンションを建築したため，地域の住民Xらは，Yに対して，高層部分の撤去などを請求した。

問題となったマンション。右下にあるのが「大学通り」（写真提供：毎日新聞社）。

　この事案では，民法709条に基づく損害賠償として，高層部分の撤去などが請求されている。まず，民法709条の条文を見てほしい。

> **民法709条** 故意又は過失によって他人の権利又は法律上保護される利益を侵害した者は，これによって生じた損害を賠償する責任を負う。

　これが不法行為に関する民法の条文であるが，一見して，さまざまな場面を取り込みうる規定であることがわかると思う。法律の条文は，これまでに起こ

った多くの紛争の解決から生まれてきた成果であり，多くの事案に対応できるように，意味にかなりの幅をもたせた表現になっている。そのため，たとえば人の生命や身体が「権利又は法律上保護される利益」に当たることに争いはないだろうが，本問のような，地域の住民が大学通りの良好な景観を享受する利益（景観利益）となると，答えはそう簡単ではない。

本件でもその点が争点となり，地域住民は，景観利益も「権利又は法律上保護される利益」に当たる（だから撤去が認められるべきだ）と主張し，マンション事業者は，景観利益は「権利又は法律上保護される利益」に当たらない（だから撤去は認められるべきでない）と主張した。

ここで裁判所が判決を下すために必要なのが，「説得的な理由づけ」である。以下では，景観利益が「権利又は法律上保護される利益」に当たることを否定した東京高等裁判所と，これを肯定した最高裁判所の見解を比較する。

● **東京高裁の見解とその理由づけ** ●

まず，控訴審である東京高判平成16年10月27日判時1877号40頁は，次のような理由づけによって，景観利益は「権利又は法律上保護される利益」に当たらないとした。

(a)「良好な景観は，我が国の国土や地域の豊かな生活環境等を形成し，国民及び地域住民全体に対して多大の恩恵を与える共通の資産であり，それが現在及び将来にわたって整備，保全されるべきことはいうまでもないところであって，この良好な景観は適切な行政施策によって十分に保護されなければならない」。

(b)「しかし，翻って，個々の国民又は個々の地域住民が，独自に私法上の個別具体的な権利・利益としてこのような良好な景観を享受するものと解することはできない」。なぜなら，景観を享受するのは地域住民だけでなく，通勤や通学，通院や買物に来る人々などさまざまで，その視点もさまざまな方向から見られるものであるし，さらに対象となる地域の範囲も必ずしも明確なものではないからである。

(c)また，「良好な景観の近隣に土地を所有していても，景観との関わりはそれぞれの生活状況によることであり，また，その景観をどの程度価値あるものと判断するかは，個々人の関心の程度や感性によって左右されるものであって，土地の所有権

の有無やその属性とは本来的に関わりない」。

(d) たしかに，ある「特定の場所からの眺望が格別に重要な価値を有し，その眺望利益の享受が社会通念上客観的に生活利益として承認されるべきものと認められる場合には」，そのような利益も法的保護の対象になりうるものというべきである。しかし，本件でXらが主張する大学通りについての景観権ないし景観利益は，このような特定の場所から大学通りを眺望する利益を意味するものではない。

(e) 「良好な景観の形成及び保全等は，我が国の国土及び地域の自然，歴史，文化，生活環境及び経済活動等と密接な関連があるから，行政が住民参加のもとに，専門的，総合的な見地に立脚して調和のとれた施策を推進することによって行われるべきものである」。

● 東京高裁の見解と「説得的な理由づけ」 ●

　東京高裁の見解をまとめると，特定の場所からの眺望が格別に重要な価値を有し，その享受が社会通念上客観的に生活利益として承認されるべきものと認められる特別な場合でないかぎりは，良好な景観を享受する人的場所的範囲が広範で不明確であるうえに，景観のよし悪しは個々人の主観的なものにすぎないから，景観の保護は行政の仕事であって，景観利益が民法 709 条の「権利又は法律上保護される利益」に該当するとはいえず，したがって，地域住民はもちろん，沿道土地所有者であっても，個別に私法上保護されることはない，というものである。

　これはXら地域住民にとって非常に厳しい判断だが，逆にいうと，東京高裁としては，住民側を説得する理由づけを判決中で提示しなければならない。この点に注意して判決を検討してみよう。

　① 景観を享受する人的場所的範囲は不明確：景観の公共性　　本件で問題となるのは，都市の景観の保護について地域住民自身が個別具体的な利益を有すると考えるのか，それとも，景観の保護は基本的に行政の仕事であると考えるのかである。東京高裁は，地域住民の個別的な権利の否定を理由づける根拠として，まず，景観を享受する人の範囲は非常に広範で，場所的範囲も不明確であることを挙げている（(b)）。

たしかに，景観を享受する人的場所的範囲に明確な線があるわけではない。そうしたなかで，地域住民による不法行為訴訟を肯定しようとすると，ある一定範囲の地域住民が，そうした多くの人々の利益を代表できるのはなぜか，その地域住民についてだけ不法行為訴訟が認められるのはなぜか，そもそも不法行為訴訟が認められる地域住民の範囲をどのように区切るのか，といった問題が生じる。

これらは結局，景観というものが，特定個人の権利や利益というよりは，公共的な性格をもっていることから生じる問題であり，そうだとすると，東京高裁のように，景観の整備保全は基本的には行政に任せるべきという立場にも一定の説得力がある。

② **景観の価値は主観的なものにとどまる**　また，東京高裁は，景観のよし悪しの判断は個々人の生活状況や関心・感性に関わる主観的なものにすぎず，土地の所有者かどうかとは本来的に関わりがないという根拠を挙げる ((c))。たしかに，沿道土地所有者であっても，住居には寝に帰るだけで，景観に対する関心はまったくないという人にとっては，近隣に高層マンションが建ったとしても，さして気にならないであろう。

他方，仮に景観に対する地域住民の個別的な利益を認め，景観利益侵害を広く肯定するならば，今後，景観が改悪されたと主観的に感じる住民によって全国で多数の訴訟が提起される事態が予想される。

では，そうした場合に，景観が「悪くなった」という評価を，裁判所はどのように行ったらよいのだろうか。街路樹や周囲の建物との高さが揃っていないということを，直ちに景観の「悪化」と判断してよいのだろうか。この点からも，景観の整備保全は基本的には行政に任せるべきであり，住民が訴訟を起こすことができるのは例外的なものにとどまり ((d))，景観の整備保全は基本的には行政に任せるべきであるという判断 ((e)) は，一定の説得力を備えたものといえるだろう。

なお，東京高裁の以上の判断は，決して論理的な演繹のみによるものではない。東京高裁は，Yの行為態様について，私企業として社会的相当性を逸脱するようなものではないと評価しており，以上の理由づけの背後にそのような価値判断が存在することにも注意したい。

● **最高裁の立場** ●

続いて，最高裁判所の判断をみてみよう。最一小判平成 18 年 3 月 30 日民集 60 巻 3 号 948 頁は，結論としては，高層部分の撤去請求を認めず，地域住民を敗訴させたものの，東京高裁とは異なり，次のような理由から，景観利益も「法律上保護される利益」に当たるとしている。

(a)「都市の景観は，良好な風景として，人々の歴史的又は文化的環境を形作り，豊かな生活環境を構成する場合には，客観的価値を有するものというべきである」。各種景観条例や景観法もまた，良好な景観が有する価値を保護することを目的とする。「そうすると，良好な景観に近接する地域内に居住し，その恵沢を日常的に享受している者は，良好な景観が有する客観的な価値の侵害に対して密接な利害関係を有するものというべきであり，これらの者が有する良好な景観の恵沢を享受する利益（以下，「景観利益」という。）は，法律上保護に値する」利益であるといえる。

(b)もっとも，「景観利益の内容は，景観の性質，態様等によって異なり得るものであるし，社会の変化に伴って変化する可能性のあるものでもあるところ，現時点においては，私法上の権利といい得るような明確な実体を有するものとは認められず，景観利益を超えて『景観権』という権利性を有するものを認めることはできない」。

(c)民法上の不法行為は，明確な実体を有する権利が侵害された場合だけでなく，そこまでには至らない法律上保護される利益が侵害された場合にも成立しうるが，「本件におけるように建物の建築が第三者に対する関係において景観利益の違法な侵害となるかどうかは，被侵害利益である景観利益の性質と内容，当該景観の所在地の地域環境，侵害行為の態様，程度，侵害の経過等を総合的に考察して判断すべきである」。

(d)そして，「景観利益は，これが侵害された場合に被侵害者の生活妨害や健康被害を生じさせるという性質のものではないこと，景観利益の保護は，一方において当該地域における土地・建物の財産権に制限を加えることとなり，その範囲・内容等をめぐって周辺の住民相互間や財産権者との間で意見の対立が生ずることも予想されるのであるから，景観利益の保護とこれに伴う財産権等の規制は，第一次的には，民主的手続により定められた行政法規や当該地域の条例等によってなされることが予定されているものということができることなどからすれば，ある行為が景観利益に対する違法な侵害に当たるといえるためには，少なくとも，その侵害行為が刑罰

法規や行政法規の規制に違反するものであったり，公序良俗違反や権利の濫用に該当するものであるなど，侵害行為の態様や程度の面において社会的に容認された行為としての相当性を欠くことが求められる」。

(e)本件マンションについては，着工当時の条例や法律に違反するところはなく，相当の容積と高さを有する建築物ではあるものの，それ以外の点では本件建物の外観に周囲の景観の調和を乱すような点も，刑罰法規や行政法規に対する違反，公序良俗違反や権利濫用などの事情も認められない。

● 最高裁の見解と「説得的な理由づけ」 ●

　最高裁は，景観利益も「法律上保護される利益」に当たるとしたものの，結論としては住民側を敗訴させているため，東京高裁と同様，とくに住民側からみて説得的な理由づけを判決中で示さなければならない。
　ただ，東京高裁は，良好な景観を享受する人的場所的範囲が広範で不明確であるうえに，景観のよし悪しは個々人の主観的なものにすぎないという根拠から，景観の整備保全は基本的には行政に任せるべきとの立場をとったのに対して，最高裁は，同じく住民側を敗訴させるとしても，この理由づけを説得的とは考えなかった。
　① **景観も客観的な価値をもちうる**　東京高裁の見解のように，特定人による特定の場所からの眺望が特別な価値をもつような例外的な場合を除き，景観の整備保全は行政の仕事であり，住民が景観利益の侵害を理由に訴訟を行うことは許されないとすると，地域住民が作り上げ，長く維持されてきている良好な景観であっても，行政による対応が功を奏さない限り破壊されていく一方ということになる。たしかに一般論としては景観のよし悪しは主観的な評価であろうが，あらゆる場合にそう言い切ってしまっていいのだろうか。
　すなわち，地域住民が長期間維持している都市の景観に関しては，具体度において差異はあろうが，高さや形，色合い，緑地の具合など，なんらかの着目されているポイントがあるはずである。そういったポイントが，ある程度の地域的な範囲において，長期間にわたり形成維持されている場合には，そのような景観に一定の客観的な価値を認めることは可能であるし，それを享受する一

群の地域住民が形成されるのも自然なことである（(a)）。

この点をふまえると，あらゆる場合に，景観のよし悪しは主観的な評価にすぎず，景観を享受する人的場所的範囲も不明確だとは言い切れないはずである。東京高裁の見解は一般論としてはよいとしても，景観が，単なる主観的なよし悪しを超えて，一定の客観的な価値を有する場合があることが理解されていないとの不満を住民に残すことになるだろう。つまり東京高裁の理由づけは，地域住民の側にとって，なお十分に説得的とはいえないのである。

② **景観利益の内容は明確ではない**　しかし，良好な景観が客観的な価値を有するに至る場合があるとしても，景観利益の内容は，景観の性質や態様などによって異なりうるものであるし，社会の変化に伴って変わっていく可能性もある。そのため，その景観において着目されているポイントに合致しない点があったからといって，直ちにそれを景観利益の侵害であると判断することはできない。たとえば，同じく高さの制限があるとしても，その景観が，建物等の高さが整えられた整然とした街なみそれ自体を内容とするのか，実際にその通りを歩く歩行者の視点からの上空の開放感を内容とするのかなどによって，どの程度の高さまでなら許されるのか，どの程度の場所的範囲まで高さの制限を求めるか，建物の高さに斜線制限を設けるなどの建物の形状によって別異の取扱いをすべきでないかなどの問題を生じる。そうした景観の性質や態様などを考慮することなく，むやみに不法行為を肯定してしまうと，マンション事業者の納得が得られないだけでなく，そもそも当該地域の景観利益の内容からみてあまりに不自然な結論になってしまう可能性すらある。人の生命や身体のような，権利としての明確な実体がある場合とは異なるのである（(b)）。

実際，景観の性質や態様などを考慮に入れた個別的な判断を裁判所が行うことには難しい面がある。その意味では，景観の客観的な価値を認めたとしてもなお，景観利益の保護を，第1次的に行政法規や地域の条例に任せることは，事態に適合的であると考えられる（(d)）。この点については地域住民も認めざるをえないだろう。

③ **侵害行為の悪性と併せて判断**　では，景観利益侵害に対する裁判上の保護は一切与えられないのだろうか。現在の判例学説では，こうした保護の範囲が不明確な利益であっても，侵害行為の悪性が強い場合には，不法行為によ

る保護を認めることができるという理論が形成されている。本件で最高裁は，この理論を使い，双方の納得を得ることを図った。それが以下の判示である。

> 「ある行為が景観利益に対する違法な侵害に当たるといえるためには，少なくとも，その侵害行為が刑罰法規や行政法規の規制に違反するものであったり，公序良俗違反や権利の濫用に該当するものであるなど，侵害行為の態様や程度の面において社会的に容認された行為としての相当性を欠くことが求められる」((d))。

もっとも本件では，マンション事業者Yには，このような社会的に容認された行為としての相当性を欠く点は認められないとされた((e))。この部分は事実の評価に関わる部分であり，異論があるかもしれない。しかし，最高裁判所は，どのような事実があったのかを自ら認定することはできず，控訴審までに認定された事実に対して法的な評価を行うことができるにすぎない。もし東京高裁が，マンション事業者の行為態様を社会的に相当でないものと評価し，それに沿うような事実を認定していたら，結論は違っていたかもしれない。

● 法学部での学習と説得的な理由づけ ●

以上の東京高裁および最高裁の両判決はいずれも，当事者の立場や，判決の影響，景観利益の性質などをふまえて考え抜かれたものであり，とくに負ける側をどのように説得するかを意識しながら書かれている。これまでに述べた検討を通じて，判決が，説得的な理由づけについてどれほど考え抜いているかを多少なりとも感じられたと思う。

法学部の授業に出ると，条文の意味や論点について，通説や判例はどうなっているとか，教員はこう考えるといったことが説明されるが，法学部での学習とは，それらの結論を暗記することではない。授業で示された考え方や理由づけの当否を，ときに批判的に分析し，自分で考えてみることが大切である。

法学部のゼミでは，教員や学生との討論を通じて，さまざまな理由づけを比較し，検討する作業が行われ，それを通じて，論理的な思考力や説得の技術が磨かれていく。その際には，3で説明したように，理由づけを，根拠と論証に分けて分析することが有益であろう。この点については，第3章でさらに詳しく説明されているので，併せて参照してほしい。

第2章 法律学習の実践

 1 判例研究の手法

　判例研究は，民法をはじめとする実定法の学習で中核をなすものの1つであり，ゼミのテーマやレポートの課題として指定されることも多い。以下では，まず(1)で判例や判例学習の意義，判決文の構造などを確認し，(2)(3)でレポート課題の作成とゼミの報告準備の双方の場合に共通する事柄として，判例研究の手順を説明する。さらに(4)では，ゼミで報告や議論をする際に心がけたいことや，レジュメ作成のポイントを示すことにしよう。なお，判例学習の手引きとして，青木人志『判例の読み方』（有斐閣，2017年）の一読もおすすめしたい。

● ●　(1)　判例とは・判例学習とは　● ●

● **判例を学ぶことの意義** ●

　法律の条文は，抽象的・一般的な表現で記されており，それが具体的にどのような意味をもち，実際の紛争にどう用いられるのかを理解するうえでは，判例が重要な役割を担う。日本では判例を正式に法として認める法制はとられていないものの，最高裁判決の示した法律解釈は，先例として後の裁判でも参照され，用いられることから，事実上，法と同じ役割を担っている。その意味で，判例（先例拘束力のある判決）は，「判例法」という一種の法であるといえる。そうした法の一構成要素たる法律解釈を知るためにも，判例学習は不可欠なものである。

　それ以上に判例学習の意義として強調しておきたいのは，民法の活躍する現

場を知り，紛争解決に必要となる思考法を養う，という効用である。民法は紛争を解決するための道具なのだから，紛争事例に直面したとき，民法を用いて妥当な解決の道筋を描くことができなければ，真の意味で民法を修得できたとはいえない。実際の紛争に対して，裁判所が事実をどのようにとらえ，条文を用いて解決の道筋を描いたのかを学ぶことは，多角的かつ客観的に物事をとらえ，論理的に思考するという法的思考の育成にもつながるはずである。そもそも紛争事例を知ること自体，社会の有り様を知る貴重な機会となるだろう。

● **判例は単なる一般命題ではない** ●

法律の勉強をしていくなかで，教科書や判例付きの六法などで目にする判例といえば，2〜3行程度のごく短いフレーズに要約された形になっているのが一般的だろう。そのように判例法理として判決文から抽出されたエッセンスを学ぶことにも大きな意味があるのは間違いない。しかし，それは判例の本来の姿ではない。少なくとも「判例研究」として正面から向き合おうというときには，判例を単なる条文解釈のための一般命題としてとらえてしまってはいけない。

判例は，あくまで実際に生じた紛争事例に対する解決を示したものであって，その判例がどのような事例を前提にして出されたのかを知らないままでは，判例の真の意味を理解することはできない。裁判所がそのような結論を導いたのは，当該事案に何かしらの特殊要素があるからこそのことかもしれない。また，最高裁判決にしばしばみられる「特段の事情のない限り」というフレーズにも表されているように，原則には必ず例外がつきものである。その判例の意義をとらえるためには，事案をきちんと把握したうえで，判例の射程を画することが必要となるのである。

● **裁判のしくみと種類** ●

では，判例研究の素材となる判例とは，どういったものなのか。まずは，判決が生み出される裁判のしくみと種類について，簡単に述べておこう。

① **民事裁判の流れ**　　裁判は，民事裁判と刑事裁判に大別される。このうち，民事裁判とは，私人間の権利義務関係などにつき争いがあるときに行われ

る裁判であり，原告が被告に対して訴えを提起することによって始まる。原告は，請求の趣旨（裁判で求めている結論）や請求の原因（請求の理由となる権利関係や事実）などが記された訴状と証拠を裁判所に提出する。被告が作成する答弁書をはじめ，準備書面がやりとりされた後，口頭弁論（両当事者が争点をめぐって意見や主張を述べあう訴訟行為）が開始される。証人尋問などの審理が終了したときに弁論終結となり，裁判所から判決が言い渡される。なお，判決に至る前に，当事者双方が歩み寄って和解をし，訴訟を終了させることも多い。

ところで，家庭裁判所が扱う家事事件（家族内や親族間で生じる家庭に関する紛争や人の身分に関する事件）については，民事裁判とは別の手続がとられる。養子縁組の許可や後見人の選任など身分関係の得喪等に関わるものは「家事審判」，離婚や遺産分割など当事者間で争いのある事件は「家事調停」の手続がとられる。

② **裁判の種類** 裁判には，判決，決定，命令の3つの種類がある。判決は，訴えや請求に対する判断など重要な事項につき，口頭弁論に基づいて行われる裁判である。これに対して，決定と命令は，訴訟手続上の付随的事項の処理など，比較的重要性が低く，また迅速性が求められる事項について行われる裁判である。決定と命令は裁判の主体に相違があり，裁判所によって行われるのが決定，裁判官によって行われるのが命令である。

③ **裁判所の審級と上訴など** 裁判所には，最高裁判所と下級裁判所（高等裁判所，地方裁判所，家庭裁判所，簡易裁判所）とがある。どの裁判所に訴えを提起すべきかは法律で定められており，ある事件を最初に扱う裁判所は「第1審裁判所」とよばれる（地方裁判所が第1審裁判所となるのが基本である）。判決に不服があるときは，訴訟の当事者は上級裁判所に訴えて（上訴），3回まで裁判を受けることができる（三審制。図表2-1参照）。第1審裁判所の判決に対する不服申立てを控訴，第2審裁判所（控訴審）の判決に対する不服申立てを上告という。決定や命令についても上訴することができ，抗告，再抗告という簡易な手続が用意されている。家庭裁判所の行う家事審判に不服があるときは高等裁判所に即時抗告をすることができる。なお，家事調停が不成立となった場合には，審判に付されることがあるほか，家庭裁判所を第1審裁判所として人事訴訟を提起することもできる。

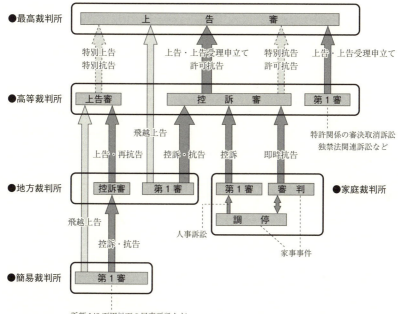

図表2-1　民事裁判の審級

注）上級裁判所に対して裁判の取消しまたは変更を求める不服申立てのことを「上訴」という。第1審裁判所の終局判決に対する上訴は「控訴」，控訴審裁判所の終局判決に対する上訴は「上告」，裁判所の決定や命令に対する上訴は「抗告」とよばれる。

なお，上告は，「憲法違反・法律に定められた重大な訴訟手続の違反」や「法令の解釈に関する重要事項」の存する場合にのみすることができる。後者を理由とする場合には，上告人は「上告受理申立て」をし，最高裁が受理をしたときにのみ上告が認められる。

当該裁判より1つ前の審級の裁判を「原審」といい，原審の判決のことを「原判決」という。控訴審では第1審，上告審では控訴審の裁判が原審である。原審のもう1つ前の審級のことを「原々審」ということもある。

● 最高裁「判例」と下級審「裁判例」 ●

ところで，判例という語は，裁判所が下した判断の総称として用いられることもあるが，より厳密に，先例としての拘束力をもちうる最高裁判決のみが判

例であって，下級審裁判所の判決は「裁判例」である，として明確に区別をされることもある（本書では，とくに下級審判決であることにこだわって「裁判例」と述べる場合を除き，最高裁と下級審の両判決を含むものとして「判例」の語を用いる）。判例研究の対象としては，最高裁判決と下級審裁判例のいずれを対象とするかで，判例研究でめざされる目的にも若干の相違がでてくる。

　最高裁判決（とりわけ「民集」〔第**8**章3参照〕に登載されたもの）は，対象となった事件の解決という意味を超え，判例として，より汎用性のある法理を示したものとして一般にとらえられている。判例研究では，その判例がどのような意義を有するのか，つまり，従来の議論や判例の動向のなかにどう位置づけられ，どの点においてこれまでになかった新たな意義を付加したのかを明らかにしなければならない。こうして当該判例から一般法理を析出するためには，従前の判例との対比や背景にある学説の対立などを検討すべきなのはもちろんであるが，大前提として事案の分析も不可欠なことは先に述べたとおりである。

　他方，下級審裁判例については，後の判決に与える影響力は最高裁にくらべ格段に小さく，当該条文に関する新たな適用事例を加えるという意味にとどまることも少なくない。しかし，だからといって下級審裁判例を考察することが軽視されてよいわけではまったくない。そのことを次に述べてみよう。

● **下級審裁判例を学ぶ意義** ●

　下級審裁判例を学ぶことの第1の意義は，事実認定の技法を知る，ということである。民事訴訟では，第1審と控訴審が，当事者の主張から事実認定をし，また法律問題を判断する「事実審」となる。これに対し，上告審は，原審で認定された事実を前提にして法律問題だけを判断する「法律審」である。最高裁判決をみるかぎり，事実関係については，はじめから確たるものとして定まっているかのようでもあるが，その前の事実審では，どのような事実があったかをめぐっても当事者間で矛盾する主張がされ，争われているのがふつうである。当事者双方がどのように主張をたたかわせ，そのなかから裁判所がどのようにして事実を確定させ，論点を抽出し，法的判断をしたのか，事実審の判断を検討することからは，紛争解決のあり方やテクニックをよりよく学ぶことができるはずである。そうした意味では，紛争解決の妙，学びの醍醐味は，下級審裁

判例のなかにあるといっても過言ではない。法律家をめざす人ならば，事例問題を解くのに不可欠となる，事実を読み込むスキルを，下級審裁判例の検討を通じて養ってもらいたい。

　第2は，法適用のあり方を知る，ということである。判例法というルールを作るのは最高裁の役割かもしれないが，そのルールを実際にどう用いるのか，具体的な事案への適用例を探るうえでも，下級審裁判例の考察は重要となる。多種多様な事案を総合的に考察することを通じて，紛争や判決の傾向等についても，より詳細かつ具体的に把握できるようになるだろう。とくに，最高裁の判決が示されていない論点については，下級審裁判例を手がかりとするしかなく，それらを分析することからは，生成途上にある法理を学ぶこともできる。

● 判決文の構成──下級審判決の場合 ●

　次に，判決文がどのような構造になっているのかを示しておこう（図表 2-2 参照）。

　まずは下級審の判決文である。かつては，当事者の主張のすべてを網羅し，裁判の過程をリアルに再現するスタイルであったが（旧様式），1990（平成 2）年頃からは，争点整理手続によって整理された争点を示し，その部分についての当事者の主張のみをピックアップして掲げる方式がとられるようになった（新様式）。以下では，新様式による判決文の基本構造を示すが，かつての判決はこれとは異なる旧様式であり，また現在でも旧様式や新旧の混合型がみられることに気をつけてもらいたい。

　① 主文　当事者の求めた裁判に対する裁判所の結論が端的に記されている。第1審の場合，原告の請求を認める「請求認容」では，「△△（被告）は××（原告）に対して○○せよ」といった主文となり，原告の請求が認められないときは「請求棄却」となる。控訴審では，原判決を支持するときは「控訴棄却」，控訴に理由があると判断し（控訴認容），原判決を取り消して自ら事実認定をして判断を行うときの主文は，「原判決を次のとおり変更する」等となる。

　② 事実及び理由　最初の「第1　請求の趣旨」では，原告がどのような判決を求めて訴えを提起したのかが記されている（控訴審では，この部分は「控

図表2-2 判決文の構成

○下級審判決（新様式）
```
主　文
事実及び理由
　第1　請求の趣旨
　　　（控訴の趣旨）
　第2　事案の概要
　　1　争いのない事実
　　2　争　点
　第3　当裁判所の判断
```

○最高裁判決
```
主　文
理　由
　上告ないし上告受理申立ての理由
　原審の確定した事実の概要
　原審の判断の要約
　最高裁判所の判断
場合により
　＋（「補足意見」「反対意見」
　　　「意見」）
```

訴の趣旨」となる）。次の「第2　事案の概要」は，本件がどのような事件で，原告が被告に対してどのような請求をしているのかを裁判所が簡潔に要約したものである。はじめの「争いのない事実」（ないし「前提となる事実」）では，当事者間で争いがない，あるいは証拠によって容易に認定できる事実がまとめられている。次の「争点」（ないし「争点及び争点に対する当事者の主張」）では，本件における争点と，それについて両当事者がどのような主張を展開しているのかが記されている（ここに記されているのはあくまで原告，被告の主張したことであって，裁判所が事実として認定したものではないことに気をつけてほしい）。そして，「第3　当裁判所の判断」（ないし「争点に対する判断」）では，両当事者の主張に対して，裁判所がどのように事実を認定し，各争点に対する判断を行ったのかという，主文に記された結論に至った理由が示されている。

● 判決文の構成──最高裁判決の場合 ●

①　**主文**　原判決を支持するときは「上告棄却」，原判決を支持せず，原判決の認定した事実から自ら原判決に代わる判決をするときは「破棄自判」，原判決を支持せず，追加の事実審理が必要なときは「破棄差戻し」となる。

②　**理由**　上告ないし上告受理申立ての理由が示され，原審が確定した事実と原審の判断が紹介された後に，これに対する最高裁の当否判断が記される。

なお，「理由」の最後は，「よって，裁判官全員一致の意見で，主文のとおり

判決する。」となっている場合のほか，「よって，裁判官〇〇の反対意見があるほか，裁判官全員一致の意見で，主文のとおり判決する。」とか，「なお，裁判官〇〇の補足意見がある。」といった付記があることもある。最高裁では，評議を経た後で少数意見を外部に明らかにすることが認められており，多数意見として法廷意見となったものに反対する意見をもつ裁判官の記す「反対意見」，多数意見に加わった裁判官が理由を付加したいときに記す「補足意見」，結論は同じでも理由が異なるという場合に記す「意見」という3種のものがある。

Column　判決のなかの対立軸をうかがう

後にも述べるように，判例を検討する際には，対立軸を明確にすることがポイントの1つとなる。控訴が認容されたり，上告審で「破棄自判」「破棄差戻し」となった場合は，原判決と異なる判断が示されたことになるため，原判決と当該判決を対比し検討すべきこととなる。逆に，控訴や上告が棄却されて原判決が維持されたときは，判決に容れられなかった控訴理由や上告理由に着目するとよいだろう。また，最高裁判決で反対意見や補足意見が付されている場合は，法廷意見と対比して考察することが不可欠である。

●● (2) 判例を読み込む ●●

判例研究は，まず判決文をじっくりと読み込むことから始まる。判決文が長くて全体像をつかむことに難儀することもあるだろうが，判決の構造をおさえ，判決文中の「事案の概要」などを手がかりとして，読み進めていこう。なお，判決書の本体や民集のような公式判例集にはないが，判決を登載する商業雑誌（第**8**章参照）では，判決を紹介するコメントが判決文の前に囲み記事で付されているので，これを手がかりにするとよいだろう（ただし，このコメント欄だけ見て，判決文を読んだことにしてしまわないこと）。

● **事実を把握する** ●

判決を読むときの第1のポイントは，事実を正確に把握することである。事案によっては，登場人物が込み入っていたり，さまざまな出来事が生じていたりして，事実関係が把握しにくいこともあるが，人物関係図や時系列表などを

作りながら整理していこう。

　複雑な事実のなかから枝葉末節をそぎ落とし，本質や全体像をつかむことも大事だが，簡略化しようとするあまり，重要な事実までそぎ落としてはならない。当事者の主張で取り上げられている事実はもちろんであるが，それ以外の一見何気ないような事象でも，当事者関係の背景事情を推察したり，事件全体の雰囲気やスジをつかむのに欠かせないものの場合もある。テレビドラマを見ているかのように，登場人物を頭のなかで動かしてみたりして，リアルに事実を思い描いてみよう。

　また，事実のなかから最終的な結論を左右することになりかねない要素は何か，ということを見極めるよう心がけてもほしい（そうした事実が，当事者の主張や判決理由が取り上げていないもののなかに存在する可能性もある）。このことは，後にも述べる射程の判断を大きく左右するものとなる。

　なお，判決文を読み進めていくときには，各当事者が主張している事実と，裁判所の認定した事実とを混同してはならない。当事者が主張しているだけの事実や評価は，判決の前提とみることはできない（せいぜい当事者の置かれた立場を理解する際に参考にできる程度である）。

● **当事者の主張と裁判所の判断** ●

　両当事者（第1審であれば原告と被告，控訴審であれば控訴人と被控訴人，上告審であれば上告人と被上告人）の間で，どのような主張が展開され，それを裁判所がどのように判断したのかを，各争点ごとに対比させながら，整理しよう。控訴審や上告審の判決は，上訴した側の主張に対する回答でもあるから，控訴や上告，上告受理申立ての理由もきちんと見ておく必要がある。

　なお，当事者で争われている事柄には，①そのような事実があったか否か，②その事実がどのような意味をもつものと評価できるか，③適用されるべき条文の解釈，といったさまざまなレベルのものがある。前述したように，上告審となる最高裁で争点にできるのは③のみとなるが，法的判断の前提をなす事実の確定に関わる①②についても，両当事者の主張内容をきちんと把握しよう。

(3) 判例を分析・検討する

● 見解の相違を明らかにする ●

　裁判事例というのは，両当事者の間に見解の相違があって，だからこそ裁判となっているのであり，判決についても各審級ごとに異なる結論が示されていたりする。判決のなかに必ず存在している見解の対立点を整理するところから，判例の分析を始めてみよう。各見解の相互関係を明らかにし，それぞれの立場に立って考えてみたうえで，自身にとって説得的で賛成できる部分はどこか，異和感を覚える部分はどこか，という具合に考察を加えていってもらいたい。

● 評釈や文献を調べる ●

　その判例に関連する文献を参照し検討することも，判例研究では重要な作業となる。とりわけ，主要な判例については多くの判例評釈が公表されているから，これらを網羅的に集めて読み，その判例について各論者がどのような意義があると考えているのか，また，どのような視角から分析をしているのかを探っていこう。簡単な判例紹介は別として，判例評釈には筆者自身の見解が必ず表されている。それぞれの論者の見解の相違を明確にし，それをふまえて，さらなる判例の分析や自身の見解の形成に努めよう。

Column　最高裁調査官と判例解説

　最高裁の裁判官は，少人数で多くの上告事件を扱わなければならない。そこで，多忙をきわめる最高裁裁判官の審理を補佐する役割を担っているのが，最高裁調査官である（裁判所法 57 条）。最高裁調査官は，判事の職位にある裁判官が務めるのが通例である。最高裁の裁判官や調査官の職務の模様については，藤田宙靖『最高裁回想録』（有斐閣，2012 年）62 頁以下にも綴られているので，興味のある方には一読をお薦めしたい。

　最高裁判所判例集（民集，刑集）に登載された重要判例については，その判決を担当した最高裁調査官によって詳細な「判例解説」が執筆される。調査官は，判決文作成のいわば当事者に近い立場にあるだけに，その調査官の手になる判例解説（調査官解説）は，当該判例の意義や前提とされている諸事項を理解するための重

要な手がかりとなる（ただし，最高裁の公式見解というわけではなく，あくまで調査官の個人的見解という位置づけではある）。掲載されている場所等，調査官解説につき詳しくは，209頁を参照のこと。

● **関連判例と対比する** ●

判例の位置づけを明らかにし，また射程を画するためにも，類似の事案について，別の裁判例ではどのような結論が示されているのかを分析するのは有用である。関連する判例の存在については，データベースを利用しキーワード検索などで調べることができるし（第**8**章２参照），判決を紹介するコメント欄や判例評釈なども参考にすることができる。

たとえば，似たような事案でありながら異なる結論となっている判決があったなら，両者をさまざまな角度から比較し，その理由を考えてみる。法律解釈上の論点に関するものであれば，依って立つ理論が異なっている，ということが考えられるだろうし，実は事実のなかに重大な相違があって，だからこそ結論に差異が生じている，という可能性もある。

このように，複数の判例を比較考察することによって，判例法理の史的変遷が読み取れたり，判決の射程が明らかにできたりすることもある。そうした作業を積み重ねていくと，総合判例研究の成果として，より精緻なかたちで，帰納的に条文解釈の一般命題を紡ぎ出したり，ときに類型化の必要性や裁判動向を明らかにすることも可能となる。あまり高度な考察までは，ゼミの報告やレポート作成では求められないだろうが，卒業論文で判例研究を行うときには，そうしたレベルにもぜひ取り組んでもらいたい。

● **判決の意義と射程をとらえる** ●

以上のような作業を通じて，判例研究では次のような事柄を明らかにすることをめざしたい。

① **判決の当否を判断する**　この判決は妥当なものといえるのか，判決の評価を考えてみよう。判決に疑問があるという場合のなかにも，「一般論としてはよいが当該事案の解決としては疑問が残る」とか，「結論はよいが理由づけが説得的なものとはいいがたい」，あるいは「当該事案に対する判断として

ならよいが，この解釈論を採用してしまうと別の同種の事例では破綻を来す」など，さまざまなものがありうる。紛争当事者に直に接しているだけに，裁判官の判断には一定の敬意が払われてしかるべきだが，だからといって，やみくもに受容するのではいけない。批判的な考察を加えることも心がけてほしい。

② **判決の意義を明らかにする**　前述のとおり，とりわけ最高裁判決については，この判決がどのような意義を有するのか，この判決がこれまでに形成されてきた判例法理に新たに付け加えたのは何か，ということを明らかにする必要がある。

③ **判決の射程を画する**　この判決がどこまでの汎用性をもつのか，一般命題として通用するのはどの部分なのかを明確にしなければならない。判決が示された当該事案のなかで，どこが変わったら判決の結論が変わることになりそうか，判決の影響が及ぶ限界づけをするのが，射程を画するという作業である。射程を考えるうえでは，事案の特性を十分に理解し，また，できるだけ具体的に，さまざまな類似の状況を想定しながら検討をしてみてほしい。

上に述べたもののうち，最後の③については，研究者の間でも見解が分かれ議論がたたかわされるほどに，高度な判断を要するものである。法学部学生としての判例研究であれば，②の「判決の意義を明らかにする」ことをさしあたり到達目標に掲げ，学習を進めていくのでよいだろう。

Column 射程を画するとは

射程を画するとはどういうものなのか，具体例を挙げて説明してみよう。

民法719条では，共同して不法行為を行った者は連帯して損害賠償責任を負うものとされている。ここにいう「共同」の意味に関して，最三小判平成13年3月13日民集55巻2号328頁は，交通事故の被害者が搬送先の病院での医療過誤により死亡した事件につき，両事故の加害者は共同不法行為者になると判示した。同判決が「それぞれ独立して成立する複数の不法行為が順次競合した共同不法行為においても別異に解する理由はない」と述べていることからすると，異なる時間・場所・性質の不法行為が順次生じた場合にも広く共同不法行為が認定されると理解できそうでもある。

しかし，この判決の事案は，放置されれば死に至る傷害を交通事故によって負い，かつ医療水準に適った治療がされていれば高い救命可能性があるという，両事故と

もが死をもたらす不法行為であった。そうすると，同じく交通事故と医療事故が連続して起こった場合でも，交通事故による受傷がそもそも死に至らない程度のものだったとか，交通事故後の治療でいったん生命の危機を脱した後に輸血ミスで死亡した，といった場合にまで共同不法行為が認められるとは，本判決をもってしては即断できないことがわかる。このように，判例を検討する際には，事案を精査することから，判決の結論が妥当する限界を画する作業が求められるのである。

●● (4) ゼミで報告・議論する，レジュメを作成する ●●

● 対立軸を提示し議論を誘発する ●

　ゼミでは，担当者（担当グループ）が報告をした後，参加者全員で議論をすることになる。ときには議論を誘導する役を報告者が担う場合もあるかもしれない。議論を盛り上げるためには，判例や関連する学説を単純に羅列して紹介するだけではいけない。それぞれの見解の論拠を簡潔にまとめ，対立軸を明確にするなど，議論で使ってもらう素材をわかりやすく提示するよう心がけよう。

　また，議論を誘導する際には，発言者に対して，どの説を支持するのか，といった自身の見解を単発的に述べてもらうのではなく，その前に出された意見についてどう考えるのか，ということにも言及してもらうよう注意喚起しよう。互いの意見に対する応接がなければ議論にはならないし，意見の集約や帰結点も見いだせなくなる。報告者自身も，責任をもって発言者の意見に応接して反論をするなど，議論の活性化のための役割を積極的に担ってほしい。

　なお，報告者の私見は，ゼミでの議論をふまえ総括として述べる方法もあるが，議論の前の基調報告のなかであらかじめ示して，参加者から批判をあおぐかたちで議論を誘発するのも1つの手である。いずれにせよ，議論のなかのどこかのタイミングで，報告者自身の見解をきちんと表明するようにしよう。

● レジュメの作成例 ●

　ゼミでは，報告や議論を補助するための資料として，レジュメの作成が求められる。判例研究におけるレジュメの構成は，だいたい次のようなものとなる。

① **タイトル等の表示**　まずは，判例が示すテーマを簡潔に表したタイトルを付し，判決年月日などの判例の情報を記す。判決の冒頭には「損害賠償請求事件」「建物明渡等請求事件」といった事件名が付されているが，これはあくまで訴訟の内容を形式面から簡単に表したものにすぎないのであって，これをタイトルにするのではいけない。当該判決の意義や議論すべきポイントを端的に表したフレーズを自分なりに考えてみよう（『判例百選』などに載っている当該判例の評釈のタイトルも参考になる）。

② **問題の所在，前提事項の確認**　判例を紹介する前に，「問題の所在」とか「前提事項の確認」といったコーナーを設け，検討課題を明らかにしたり，当該判例を理解するのに必要な基礎知識を確認する叙述を入れておくとよい。

③ **判例の紹介**　対象となる判例について「事案の概要」「当事者の主張」「判旨」といった事項を要領よくまとめる。単なる判決文の引き写しにならないよう，重要なポイントを際立たせるように要約することを心がけよう。

④ **判例の分析・検討等**　判例紹介の後は，いよいよ判例の分析や検討を行うレジュメの本体部分となる。判例評釈や教科書も参考にしながら，ゼミで展開する議論の素材を十分に提示できるよう工夫をこらそう。もっとも，これ以降のレジュメの作り方は，ゼミの形態によっても変わってくる。たとえば，議論の前の基調報告で報告者自身の見解まで提示する形をとる場合もあれば，ゼミ生全員の議論の後で，自身の見解も入れつつ全体をまとめることが報告者に求められる場合もあるだろう。前者の場合は，しっかり報告者自身の見解も入れてレジュメを作成する必要があるし，後者であれば，報告レジュメとは別に，議論を総括したり私見を提示する文書の作成が求められることもある。

⑤ **参考文献**　レジュメ作成にあたって参考にした文献は，レジュメの該当箇所にその都度入れるか，最後にまとめて示すか，いずれかの方法をとってきちんと掲げておこう。レジュメといえども剽窃とならない最低限のルールは守るべきであり（28頁），また，ゼミ後に各自で行う発展学習の手がかりを提供するという意味もここには含まれている。

*　　*　　*

上で述べたことをふまえた判例研究のレジュメの具体例を次頁以下に掲げたので（図表2-3），付記したコメントも含め，参考にしてほしい。

図表2-3　レジュメの作成例（判例研究）

- レジュメの冒頭には問題の核心をとらえたタイトルを記す
- 検討課題の前提となる基礎知識を確認する

被害者が別原因で死亡した場合における逸失利益の算定
——最判平成8年4月25日民集50巻5号1221頁——

報告者：○○　○○

■1：問題の所在
(1) 不法行為において賠償されるべき損害とは？

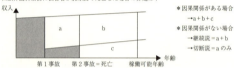

(2) 逸失利益の算定方式——給与所得者、事業所得者等は事故前の所得を基礎に算定される
　　後遺障害の逸失利益＝
　　（事故前の水準で算出される年間収入－実際の年間収入）×稼働可能年数－（生活費＋中間利息）

(3) 問題：口頭弁論終結前に被害者が別原因で死亡した場合の算定は？

　　　　　　　　　　　　　　　　　　　　　＊因果関係がある場合
　　　　　　　　　　　　　　　　　　　　　　→a＋b＋c
　　　　　　　　　　　　　　　　　　　　　＊因果関係がない場合
　　　　　　　　　　　　　　　　　　　　　　→継続説＝a＋b
　　　　　　　　　　　　　　　　　　　　　　→切断説＝aのみ

（収入／年齢のグラフ：第1事故　第2事故＝死亡　稼働可能年齢、領域a・b・c）

■2：事案の概要
(1) 当事者関係

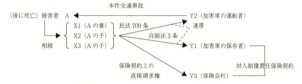

- 事案の紹介は当事者関係図や時系列表などを使ってわかりやすく

(2) 事実の経過（時系列）
　　昭和63年1月10日　Y2の運転する自動車が工務店勤務Aの乗車する自動車に衝突（本件事故）
　　　　　　　　　　　→Aが脳挫傷・頭蓋骨骨折等の障害
　　平成 元年6月26日　Aの症状固定（知能低下、左肺骨神経麻痺、複視等の後遺障害）～就労不能
　　　　　　　　　　　リハビリテーションを兼ねて海辺を散策、貝採りなどの生活
　　同年7月4日　　　A、海中で貝採りの最中に心臓麻痺で死亡（死亡時44歳）

・Aの相続人Xら　→主位的請求：死亡による損害（Y1Y2：6452万円）→Y3に同額
　　　　　　　　　予備的請求：後遺障害に基づく損害（Y1Y2：7064万円）→Y3に同額

＊事案の特徴
・後遺障害の程度は、就労が不可能なほどに重篤　→賠償責任が減じられてよいのか？
・死亡事故＝貝採り行為の意味　→「リハビリを兼ねて」？　非常識にも「酒気帯びで」「冷たい海に」
・後遺障害の症状固定から死亡までの間がわずか7日　→切断説では逸失利益がほとんどゼロになる

- 事案の特徴を抽出する（事案に対する評価の違いが結論に相違をもたらすことも多い）

－1－

(3) 当事者の主張

争点	Xの主張	Yの主張
相当因果関係の存否	・酒気帯びで海に入るという正常な判断能力を有していればしない行動をAがとった原因は、本件傷害および後遺障害により神経衰弱状態ないしアルコール依存症に陥っていたことにある →本件事故と死亡との間に因果関係あり	・Aの死亡は同人の自由意思に基づく行動の結果である →本件事故とは何ら関係なし
後遺障害による逸失利益の範囲	・就労可能年齢（67歳）までの23年間で逸失利益は算定される	・逸失利益はAの死亡時までに限定される
(控訴審での主張)	・かりに相当因果関係がないとしても、単なる条件関係以上の密接な関係があった →死亡後についても後遺障害による逸失利益が認められるべき	・かりに死亡後の逸失利益が認められるとしても、自由意思による危険な行為で死亡した以上、過失相殺がなされるべき

→ 当事者の主張の相違、対立点が明確になるよう、表を使って争点ごとに整理して示す

■3：裁判所の判断
(1) 第1審判決
①因果関係の存否：条件関係は肯定、相当因果関係は否定
・本件交通事故がなければ本件死亡事故もなかったという意味での条件関係は存在する
 「本件交通事故に遭遇して本件後遺障害を残すことがなければ、リハビリを行う必要もなく大工として稼働していたであろうから、平日の日中に海へ行って貝を採るなどという行動に出ることはなかったと推認される」
・Aの死亡と本件交通事故との間に相当因果関係があるとは認められない
 「本件死亡事故当時、Aが神経衰弱状態ないしアルコール依存症に陥っていたと認めることはできないし、貝採り自体、正常な判断能力を欠く者の行った無謀な行動と認めることもできない」

②逸失利益の算定：条件関係がある本件につき継続説を採用
・後遺障害のある被害者が口頭弁論終結時までに死亡した場合、死亡の事実は考慮対象となりうる
・しかし、死亡を理由に逸失利益の継続期間を死亡時までとするためには、その死亡が被害者の寿命であったと評価しうるものでなければならず、加害者において、当該不法行為がなくとも被害者が右死亡時に確実に死亡したであろうことを立証しなければならないものと解するのが相当
・条件関係を是認しうる本件では、交通事故がなくとも死亡事故によって死亡したものと推認し、これを寿命による死亡と認めることは困難である　→Aの逸失利益＝Xの主張どおり

(2) 控訴審判決
○逸失利益の算定：切断説を採用
・後遺障害による逸失利益の算定にあたって、一般に平均的な稼働可能期間を前提として算定しているのは、事の性質上将来における稼働期間を確定することが不可能であるから擬制を行っているものである
・本件のように事実審の口頭弁論終結までに、本件交通事故と因果関係の存しない死亡事故によるAの死亡という事実が発生し、Aの生存期間が確定して、その後に逸失利益の生ずる余地が判明した場合には、逸失利益の算定にあたり斟酌せざるをえない→それが損害の公平な分担を図るという不法行為の理念に沿う

→ 第1審、控訴審、最高裁それぞれの判断の相違を示す

だらだらと抜き書きをするのではなく、要点を簡潔にまとめる

結論を冒頭に示す、重要なところに下線を引いて強調するなどの工夫を

(3) 最高裁判決　破棄差戻し
○逸失利益の算定：継続説を採用（例外あり）
・ 事故の時点で、死亡の原因となる具体的事由が存在し、近い将来における死亡が客観的に予測されていたなどの特段の事情がない限り、死亡の事実は就労可能期間の認定上考慮すべきものでない
・ 労働能力の一部喪失による損害は、交通事故の時に一定の内容のものとして発生しているのであるから、交通事故の後に生じた事由によってその内容に消長を来すものではない
・ 事故後にたまたま別の原因で死亡したことにより、賠償義務を負担する者が義務を免れ、被害者ないしその遺族が事故により生じた損害の塡補を受けられなくなるというのでは、衡平の理念に反する

(4) 各審級の判断についての結論の相違

← 各審級における判断の相違を明らかにする

	継続説か切断説か	逸失利益の額	損害賠償請求総額
第1審判決	（原則として）切断説 ＊条件関係ある本件は継続説	943万1547円	2420万2103円
控訴審判決	切断説	2万6800円	1098万1574円
最高裁判決	（原則として）継続説		

Q：第1審と最高裁は、原則論は異なるが、本件事実については同じく継続説となっている
→では、どのような場合に結論が異なることになるか？

← 議論してもらいたいポイントを途中に差し挟んでおくのも効果的

■4：学説・従前の裁判例の検討
(1) 基本的な対立構造──継続説と切断説

　　　　　　　［継続説］　←→　［切断説］

［＊基礎にある考え方　　　］　　　［＊基礎にある考え方　　　］
・○○○○　　　　　　　　　　　　・○○○○
・○○○○　　　　　　　　　　　　・○○○○
・○○○○　　　　　　　　　　　　・○○○○

［切断説の指摘に対する反論］　　　［継続説の指摘に対する反論］
・○○○○　　　　　　　　　　　　・○○○○
・○○○○　　　　　　　　　　　　・○○○○
・○○○○　　　　　　　　　　　　・○○○○

← 学説の紹介なども見解の相違点が明確になるよう図示するなどの工夫を

(2) 別のアプローチ
①条件関係考慮説（＝第1審・○○説）
　・○○○○……
②総合考慮説（○○説）
　・○○○○……
　・○○○○……
③○○○○……
　　…

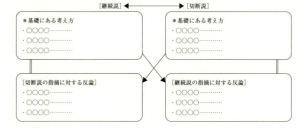
問題点の解決として……

← 独自色の強い学説の紹介では、主張者の名前を付記しておく（後の参考文献の記載とも連動させる）

-3-

(3) 検討
　①継続説と切断説の抱える問題点とその克服
　　・○○○○…………
　②場合分けの可能性はないか　→　考慮されるべき事項とは？
　　・○○○○…………
　　・○○○○…………
　　　　　：

■5：参考判例：介護費用の算定における継続説・切断説の当否
　最判平成11年12月20日民集○○巻○号○○○○頁
　[事案の概要] Xが交通事故により後遺障害　→　加害者Yに対して損害賠償請求
　　　　　　　→交通事故から3年後，控訴審の訴訟継続中に，Xが胃がんによって死亡
　[争点] Yが賠償すべき逸失利益と介護費用の算定いかん
　[判旨]「交通事故の被害者が事故後に別の原因により死亡した場合には，死亡後に要したであろう介護費用を右交通事故による損害として請求することはできない」

　＊なぜ積極的損害について最高裁は切断説を採用したのか？
　　・平成8年判決が継続説を採用したことの理由は，介護費用については妥当しないものというのか？
　　・○○○○○…………
　＊補足意見の評価：切断説の問題を克服するための方途←批判：…………

■6：本判決の射程について
　①最高裁のいう「特段の事情」の趣旨とは？
　　・○○○○○…………
　　・
　②切断説の妥当する具体例とは？
　　・○○○○○…………
　　　　　：

■7：まとめ──報告者私見
　　・○○○○…………
　　・○○○○…………

【参考文献】
＊本判決の評釈等
　・瀬川信久・判タ824号58頁（原審判批）　　・大塚直・判タ825号29頁（第1審判批）
　・三村量一・曹時50巻11号　　　　　　　　・樫見由美子・民商116巻3号
　・潮見佳男・リマークス15号　　　　　　　・水野謙・別冊ジュリ160号188頁
　・山下純司・法協115巻8号1194頁　　　　　・○○○○…………

＊論文（逸失利益の算定に関して）
　　・○○○○…………　　　　　　　　　　・○○○○…………
　　・○○○○…………　　　　　　　　　　・○○○○…………

→ 学説の動向もふまえ，判決を検討するうえで重要なポイントを示しておく（確定的な見解まで示せなくとも，議論する素材を提供するという見地から疑問形での叙述でよい）

→ 関連判例の考察等をも通じて，判決の意義や射程をまとめる

→ 議論のたたき台として，報告者の私見をあらかじめレジュメに提示しておく方法もある

参考文献の情報を掲げる
ゼミで検討の対象とする見解については必ず掲げておくこと

● わかりやすく素材を提示する ●

　種々の検討すべき事項や議論の素材を，いかに参加者に対して要領よく伝えられるかが，レジュメ作成の鍵となる。レジュメは発表原稿なのではなく，あくまで聞き手の理解を助けるため，そして議論の素材を提示するためのものであるから，読ませる，というより，一見して内容がわかるものにしなければならない。参考にした文献から文章の形でそのまま抜き書きするようなことは避け，強調されるべきフレーズやキーワードが浮かび上がってくるよう，箇条書きにしたり，アンダーラインを付すなど表現を工夫してほしい。

　事案の概要については，登場人物の関係図，時系列の表を適宜効果的に用いたい。登場人物については，原告をX，被告をY，訴外をA，B，C，……という記号を用いるのが習わしとなっている。先にも述べたとおり，事案を簡略化するときは，後の検討に必要な事実までそぎ落とさないよう留意し，結論を左右しかねない重要な要素や事案の特徴を明確に表現することに努めよう。

　また，当該判例の争点については，関連する学説や裁判例を紹介するなど，議論をするための素材を過不足なく提示する。各争点について，見解の相違をふまえ対立軸を明確にすることによって，後の議論を誘発するよう心がけたい。当事者の主張については，表にまとめるなどして，各争点ごとに原告・被告を表の形で対比してみせるのでもよいだろう。同様の手法は，第1審と控訴審，最高裁で裁判所の判断が分かれているときにも用いることができる。争点をめぐる見解の相違を際立たせるようにしよう。

Point

- 判例は具体的な紛争事案に対する解決を示したもの。事案の理解なくして判決のもつ意味は語れないということを忘れずに。
- 原告と被告，原判決と本判決，法廷意見と反対意見など，判例に見いだされる種々の対立軸を明確にし，それぞれの立場で考えたうえで私見をまとめよう。
- 判例の意義・射程を明らかにすることが判例研究の最終目標。

日直　田高

テーマ研究の手法

●● (1) テーマ研究を始める ●●

● テーマ研究とは ●

法学部のゼミでは，たとえば「取消しと登記」とか「無権代理と相続」など，法律学に関する特定のテーマを設定したうえで，担当者がそのテーマについてあらかじめ詳しく調査してきて，ゼミの当日に調査結果を報告した後，ディスカッション等を通じて，そのテーマおよび報告をゼミ生全員で検討することが行われる。また，法律学に関する1つないし複数の体系書や研究書，論文など（以下では「文献」という）を指定して，同様の検討が行われることもある。

このようなスタイルで行われる研究のことを，ここでは「テーマ研究」とよぶことにしよう。

● テーマ研究の効用 ●

テーマ研究を通じて学べることとして，とくに次の2点を挙げることができる。

第1に，テーマ研究では，普段読んでいる教科書だけでなく，より専門的な内容が書かれた文献を調べて読まなければならない。これは大変な作業である反面，教科書を読むだけでは味わえない法的思考を直接に体感することができる。法律学の研究に現れているさまざまな法的思考に触れて，それを少しでも学ぼうというわけである。

第2に，テーマ研究では，普段の勉強よりもかなり深く，テーマないし文献を検討することが求められる。そのテーマにどういう問題点があり，その問題点をめぐってどのような議論が起きているか，これまでの議論の状況をふまえてその問題点をどのように解決すればよいか，などをトコトン突き詰めて考えることになる。文献の報告であれば，著者がどのような法的思考をしているか

を，著者になりきって丹念にたどる。普段はとりあえず理解したと思っている事柄や気にも留めていない事柄を，深く考え直してみるわけである。

　もっとも，「法的思考」とか「深く考える」などは，法律家になろうとする人が鍛えればよいことであって自分には関係ない，と思う人もいるかもしれない。しかし，テーマ研究を通じて学んだことは，法律家にならなくても，さまざまな場面で応用可能である。

　たとえば，企業が新しい分野への事業拡大を計画している場合に，従業員であるあなたがその是非（これがテーマ研究のテーマに当たる）を検討するよう命じられたとしよう。あなたは，事業を拡大した場合にどのような問題点が生じるかをピックアップし，それをめぐってどのような意見が出てくるか（先行企業よりもよい製品が作れるので事業はうまくいく，先行企業ほどの宣伝力がないのでさほど製品が売れずに撤退を余儀なくされる，など）をあれこれと分析したうえで，自分の意見を述べることになる。自分の意見を考える際には，文献を読んで体得した思考に従うと，説得力のある意見を導き出すことができるだろう。

　以上は，まさにテーマ研究で行う作業であり，テーマ研究で鍛えた能力や技術を活かせる場面である。したがって，民間企業や官公庁に就職しようとする者こそ，テーマ研究に真剣に取り組むことを勧めたい。

● テーマ研究の進め方 ●

テーマ研究はおおよそ，(ⅰ)→(ⅱ)→(ⅲ)の順序で進む。

(ⅰ)　テーマに含まれる論点を抽出する。
(ⅱ)　その論点をめぐる議論（判例や学説）を紹介・整理し，議論の対立点を分析する。
(ⅲ)　その対立点について自分自身の考察を加える。

　もっとも，実際には，(ⅱ)や(ⅲ)の段階で論点が広すぎることがわかれば，(ⅰ)に立ち戻って論点を絞ることもあるし，あるいは，(ⅲ)の考察を考えながら(ⅱ)の紹介・整理のしかたを考えることもある。つねにこの順序どおりに進むわけではなく，これらのプロセスを行ったり来たりしながら進んでいくことに留意して

ほしい。

　以下では、(i)〜(iii)の方法を具体的にみていくが ((3)以下)，まずはその前提として，「文献の検討」について述べておく ((2))。(i)〜(iii)のいずれの段階でも，文献をしっかりと読み，その著者の見解を理解することが必要不可欠な作業だからである。

●● (2) 文献の検討 ●●

● 文献を読むのがテーマ研究の出発点 ●

　テーマ研究では，専門的な内容が書かれた文献を読み，そこから得られた知見を自分の分析や考察に活かすことが求められる。そこで，文献を読んで，著者の主張をきちんと理解することが，テーマ研究の出発点となる。つまり，文献の著者がそのテーマについて何を問題点としているか，その問題点の現状をどのように分析しているか，そして，その問題点について著者が何を主張しようとしているか，などを読み取らなければならない（ゼミで文献を詳しく検討する場合は，まさにこの作業を行うことになる）。

　ここでありがちなのは，著者自身の文献ではなく，著者の見解を簡潔にまとめた他の文献だけを読んで，その著者の分析や主張を理解したつもりになってしまうことである。これでは，著者の見解を本当に理解したことにはならず（場合によっては著者の見解のまとめ方が間違っていることもある），著者の法的思考を追体験してそこから学ぶこともできない。他の文献を参照するのはもちろん構わないが，それはあくまでも参考程度にとどめ，必ず著者自身の文献に当たるようにしよう。

● 著者の言いたいことを理解する ●

　まず，章や節などのまとまりごとに，著者が言いたいことを要約してみよう。
　著者が言いたいことを把握するには，著者の「主張」と「根拠」をチェックすることが重要である。法律学の文章（に限らず学術的な文章）では，著者の見解は主張と根拠から構成され，根拠から主張が導き出されている。したがって，主張とそれを支える根拠を押さえておけば，著者の言いたいことが明らかにな

る。そこで，著者が，どのような根拠からいかなる主張を導き出しているかを確認し，その部分に下線を引いたり付箋を貼っておくとか，主張の部分に「主張」，根拠の部分に「根拠」などと書き込みし，根拠が複数あれば「根拠①」「根拠②」などとナンバリングしておくとよいだろう。

　こうして，章や節のまとまりごとに著者の言いたいことを要約したら，次に，これらをつなぎ合わせて，文章全体で著者が何を言いたいのかを分析しよう。

　その際には，個々のまとまりにおいて著者の言いたいことが，全体としてどのように組み合わされているか，つまり，個々のパーツから最終的な結論がどのように導き出されているかに注意するとよい。たとえば，ある法律問題の解決について解釈Ａと解釈Ｂが対立していて，著者が解釈Ａを採用するべきだと主張している場合でも，「解釈Ｂには大きな難点がある」→「解釈Ａにはそのような難点がない」→「したがって解釈Ａを採用するべきだ」という構造か，それとも，「解釈Ａにも解釈Ｂにも難点がある」→「しかし解釈Ａの方が社会的に望ましい結果をもたらす」→「そこで難点には目をつぶって解釈Ａを採用するべきだ」という構造か。両者では，解釈Ａを採用するべきだという結論は同じでも，結論を導き出すまでの構造――個々のパーツの組み合わせ方――がだいぶ異なっている。そして，このような違いは，次に述べるように，著者の主張の説得力にも大きな影響を及ぼす。

● 著者の主張の説得力を分析する ●

　著者の言いたいことを理解した後は，著者の主張が説得的かどうかを分析する作業に移ろう。

　これは著者の主張を批判的に検討することであるが，「批判的」といっても，著者の主張に何でも反対する（いわばイチャモンをつける）という意味ではない。あくまでも，著者の主張が納得できるものであるか，つまり，著者の主張の妥当性を検証する作業であるから，納得できる場合には著者の主張に賛成して一向に構わない。

　さて，著者の主張が説得的かどうかを分析するには，どういう点に着目したらよいだろうか。

　上述のように，著者の見解は主張と根拠から構成されており，根拠から主張

図表 2-4

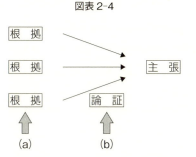

が導き出されている。ということは，ある主張に説得力があるかは，まず，(a)根拠自体に説得力があるかどうかによって決まる。根拠に説得力があればあるほど，その根拠によって支えられた主張の説得力も増すことになる。他方で，主張は根拠から導き出される（このプロセスは「論証」と呼ばれる）ことから，(b)その根拠から主張が論理的に導き出されているかどうかも，主張の説得力を左右する。いくら説得力ある根拠が存在していても，その根拠から論理的に出てこない——つまり論証が妥当でない——主張では，説得力に欠けることになる。

したがって，著者の主張が説得的かどうかを分析するには，(a)根拠の部分と，(b)根拠から主張を導き出す部分（論証）に着目する必要がある（図表 2-4）。

以上のことは，実は，第 1 章 3 の箇所で述べたこととまったく同じであることに気づいただろうか。これは当然のことであり，レポートや論文を作成する際には，上記(a)と(b)に注意しながら，自分の主張を説得的に表現するのに対して，文献を読む際には，著者の主張について，上記(a)と(b)を分析して説得的かどうかを検証するわけである。

● 根拠と論証をチェックする ●

根拠（上記(a)）と論証（上記(b)）をチェックする際の注意点を述べておこう。上述のように，この作業は，根拠と論証を用いて自分の主張を表現する作業と重なるので，第 1 章 3 も参照するとよいだろう。

まず，(a)根拠の部分については，根拠としてどのようなものが示されているかがチェックポイントとなる。

たとえば，根拠として統計データや具体例が用いられている場合は，それが信用に値するものかどうかを検証する必要がある。

これに対して，根拠として価値判断（たとえば取引の安全とか被害者の救済など）が用いられている場合は，その価値判断が法律学の世界で一般的に受け入れられているものか，また，その他の価値判断が存在するときにはどちらの価値判断が優先するかなどを検討しなければならない。たとえば，「取引の安全」という価値判断に対しては，しばしば「静的安全（真の権利者の保護）」という価値判断が対立する。そうすると，「取引の安全」を持ち出しただけでは，根拠として説得力があるとはいえない。著者が取り上げている問題場面では「静的安全」よりも「取引の安全」を優先させる理由があるか，その理由を著者がきちんと分析しているか，などをチェックする必要がある。

次に，(b)根拠から主張を導き出す部分（論証）については，主張がその根拠から論理的に導き出されているか，その根拠を無理に主張と結びつけていないか，などを検証する必要がある。論証の妥当性を具体的にどのようにチェックしたらよいかについては，法的三段論法と類推について実践例を挙げているので，そちらを参照してほしい（前者について第**1**章3(5)，後者について第**3**章3参照）。

●● **(3) 論点の抽出** ●●

● どういう論点を抽出すればよいか ●

テーマから論点が明らかである場合は，後述の(4)のステップ（「議論の紹介・整理と対立点の分析」）に進めばよい。ゼミで課されるテーマはあらかじめ論点が明らかな場合も多いだろう（なお，テーマを自由に選べる場合にはテーマ選びも重要であるが，この点については第**1**章1(3)を参照のこと）。

テーマが大きければ大きいほど，また，抽象度が高ければ高いほど，そのテーマから論点を的確に抽出する作業が重要となる。

一般的にいえば，判例と学説が対立している，学説の間で対立があるなど，ある問題について見解の対立があり，どのように考えるべきかが未解決になっている事項が，論点として抽出するにふさわしい。議論の対立点を紹介・整理

したうえで，自分なりに分析して考察を加えることが容易にできるからである。

これに対して，判例・学説の見解が一致しており，その見解に対してとくに異論も出ていない事項は，テーマ研究で扱う論点として適切とはいえない。判例・学説を調べて分析してみても，対立点がないため，自分なりの考察を加えることも難しいからである。もっとも，判例・学説に対立がなくても，最近の社会状況などに照らして判例・学説の考え方の見直しが迫られている事項については，判例・学説の考え方と社会状況とのズレを分析・考察の対象にすることができるので，論点として取り上げてよいだろう。

● まずは教科書等をチェック ●

テーマから論点を的確に抽出するには，そのテーマに関して現在どのような議論が行われているかを把握することが必要である。何が議論されているかがわからなければ，何が未解決の問題として残されており，論点として抽出すべきかもわからないからである。

そこで，まずは，文献のなかでもアクセスしやすい，教科書・体系書や演習書・判例教材などの当該テーマに関する項目を読んでみよう。議論が一通り紹介されていて，概要を把握することができるはずである。その際には，なるべく多くの教科書等に目を通さなければならない。1冊しか読まないと，その本の議論のまとめ方が偏っていたり誤っていることに気づかないおそれがあるからである。

たとえば，「無権代理と相続」というテーマ研究が課されたとすれば，民法総則の教科書・体系書として，山本敬三『民法講義Ⅰ　総則』（有斐閣），佐久間毅『民法の基礎1　総則』（有斐閣），山野目章夫『民法概論1　民法総則』（有斐閣），四宮和夫＝能見善久『民法総則』（弘文堂）など，また，演習書として，鎌田薫ほか編『民事法Ⅰ　総則・物権』（日本評論社），千葉恵美子ほか編『Law Practice 民法Ⅰ　総則・物権編』（商事法務）などの「無権代理と相続」の項目に目を通してみよう。そうすると，①無権代理人が本人を相続した場合，本人が無権代理人を相続した場合，第三者が無権代理人と本人の両方を相続した場合に分けて議論されていること，②それぞれの場合につき最高裁の判断が示されていること，③本人の地位と無権代理人の地位との関係をどう理解するかで

93

見解が分かれていること、などが紹介されていることがわかるだろう。また、②の最高裁の判断のうち代表的なものは、『民法判例百選Ⅰ　総則・物権』（有斐閣）、『民法①総則　判例30！』（有斐閣）などの判例教材で見つけることができるだろう。これによって、「無権代理と相続」に関する議論の概要が判明するはずである。

● より専門性の高い文献に当たる ●

教科書等で把握できるのは、あくまでも議論の概要ないし全体像にとどまる。しかし、上述のように、テーマ研究では、テーマに関する議論に深く立ち入って考察することが求められる。

そこで、論点を抽出する段階でも、テーマについてより専門的に書かれた文献にも当たる必要がある。教科書等を読むと、参考文献として研究書や論文が挙がっているはずである。それらのうち、複数の本で共通して挙げられているものをいくつか読んでみよう。テーマにつきどのような議論の対立があり、何が未解決の問題として残されているかが、より詳細かつ具体的にわかってくるはずである。

たとえば、上述の「無権代理と相続」のテーマであれば、教科書・体系書や演習書・判例教材を見ると、参考文献として、奥田昌道「『無権代理と相続』に関する理論の再検討」法学論叢134巻5＝6号（1994年）1頁、安永正昭「『無権代理と相続』における理論上の諸問題」法曹時報42巻4号（1990年）1頁、於保不二雄＝奥田昌道編『新版注釈民法(4)』（有斐閣）380頁〔中川淳・小川富之執筆〕・478頁〔奥田昌道・平田健治執筆〕などが見つかり、これらの文献を読むと、複数の論点が指摘されていることがわかる。そこで、これを参考にして、自分が一番重要だと考えるものを論点として抽出すればよいだろう。

● 論点は絞る ●

論点を抽出する際には、どうしても論点を広く・大きく設定しがちである。しかし、論点が広く・大きくなればなるほど、議論の紹介・整理の対象が多すぎて手に負えなくなり、また、内容が散漫になったり浅いものになってしまう可能性も高くなる。これでは、トコトン突き詰めて考えるというテーマ研究の

趣旨に合わない。

そこで，ひとまずは，少し狭いのではないかと思うぐらい，論点は絞ったほうがうまくいくだろう。その後，議論の紹介・整理において論点が少し足りないと考えたら，立ち戻って論点を広げればよい。

● ● (4) 議論の紹介・整理と対立点の分析 ● ●

● これまでの議論をただ並べるわけではない！ ●

論点を抽出し，何を論ずべきかが明らかになったところで，次は，その論点について行われている議論を紹介・整理し，対立点を分析する段階に入る。

議論の紹介・整理というと，文献で述べられているさまざまな著者の見解を書き写して並べれば足りる，と思っている人もいるかもしれない。しかし，そのような単純な作業ではなく，むしろ，テーマ研究をする人の問題意識や価値観がにじみ出る，極めて創造的な作業であることを強調しておきたい。それは，議論の紹介・整理が次のような作業だからである。

(1)で述べたように，テーマ研究は，テーマに含まれる論点について，議論の状況を紹介・整理し，どのような議論の対立点があるかを明らかにしたうえで，その対立点についてどのように考えるべきかを考察するものである。したがって，議論の紹介・整理は，「○○の判例がある」「△△説や□□説がある」などと判例・学説をたくさん並べることではなく，むしろ，論点に関する議論の対立点を明らかにすることが目的である。したがって，議論の紹介・整理は，議論の対立点を浮かび上がらせることを意識して行わなければならない。

ところが，議論の対立点が何かは，容易に決まるわけではない。さまざまな見解を紹介し整理するなかで，どこが対立しているかがだんだんと明らかになってくるものである。そこで，多様な見解を紹介・整理するときには，それらの見解をどのように並べればよいかをよく考えなければならない。たとえば，見解aと見解bが対立しているように見える場合に，両者を単純に対立するものとして並べてよいだろうか。仮に見解aは一昔前の見解であり，現在では見解bの支持者が圧倒的多数だとすれば，両者が対立しているとみるのは妥当でなく，むしろ，「見解aがほぼ克服されて見解bへと発展した」と整理す

るほうがよいかもしれない。

● 視点を見つけるためのヒント ●

　以上からわかることは，議論の紹介・整理のしかたによって，対立点の分析も大きく変わってくるということである。そうすると，この作業は，漫然と行ってよいものではなく，一定の「視点」をもって意識的に行うべき作業だといえる。つまり，なんらかの「視点」を設定したうえで，その視点に従って議論を紹介・整理して，対立点を分析する必要がある。

　それでは，そのような視点を見つけるにはどうしたらよいだろうか。

　視点は，もちろんオリジナルなものであれば望ましいが，そういう視点を自分で生み出すのは実際上かなり困難である（研究者でもオリジナルな視点を考え出すのはとても苦労する）。

　一般的な方法としては，先人がこれまで行ってきた分析の視点からヒントをもらうのがよいだろう。論点を抽出する段階で複数の文献を読んでいると，同じテーマを取り上げていても，著者によって，判例・学説等の議論の紹介・整理のしかたが異なっていることに気づくだろう。これは，議論を紹介・整理する際の「視点」の違いに原因がある。そこで，著者がどういう視点で紹介・整理をしているか，視点の違いが紹介・整理のしかたの違いにどのように反映されているか，などをチェックしてみる。そこから得られた知見は，自分が取り組んでいるテーマ研究でも，議論の紹介・整理や対立点の分析のしかたに十分活かすことができるだろう。

　このようにして分析の視点を獲得するためにも，テーマ研究の際には，教科書を1冊読むだけではまったく足りず，複数の教科書を読み比べ，さらに研究書や論文を読み込むことが重要なのである。

● 実践例（その1）──「判例の事案のパターン」という視点 ●

　先ほど例に挙げた「無権代理と相続」のテーマにおいて，以上に述べたことを実践してみよう（「無権代理と相続」をまだ勉強していない読者は，勉強してから読んでもらえればよい）。

　93〜94頁で取り上げた文献を読むと，「無権代理と相続」に関しては，複数

の重要な最高裁判例が示されている。テーマ研究では、これらの判例を紹介・整理する必要があるが、ただ時系列に並べるだけでは、判例相互間の対立点が必ずしも明らかにはならない。そこで、各文献の紹介・整理のしかたを参考にすると、図表2-5のように、事案のパターンに応じて判例が紹介・整理されていることがわかる。つまり、「判例の事案のパターン」という視点に基づく紹介・整理のしかたである。

図表2-5

■誰が誰を相続したか
・無権代理人相続型：無権代理人が本人の地位を相続した場合
・本人相続型：本人が無権代理人の地位を相続した場合
・第三者相続型：第三者が、本人の地位も無権代理人の地位も相続した場合
■相続人が単独か複数か
・単独相続型：1人の相続人が相続した場合
・共同相続型：複数の相続人が相続した場合

以上の視点に基づいて、「無権代理と相続」に関する最高裁判例を分類したのが、図表2-6である。このようにして紹介・整理すると、事案のパターンごとに判例の解釈にどのような違いが生じているのかがわかりやすくなり、対立点の分析に役立つだろう。

図表2-6

		単独相続型	共同相続型
無権代理人相続型		大判昭和2年3月22日 最判昭和40年6月18日	最判平成5年1月21日
本人相続型		最判昭和37年4月20日	
第三者相続型	まず本人を、次に無権代理人を相続		
	まず無権代理人を、次に本人を相続	大判昭和17年2月25日	最判昭和63年3月1日

● 実践例（その2）――「本人の地位と無権代理人の地位との関係」という視点 ●

議論の紹介・整理とそれに基づく対立点の分析には、1つの正解があるわけ

ではない。「視点」が異なれば，紹介・整理のしかたも当然異なるものとなり，そこから分析される対立点も違ってくる。

「無権代理と相続」の場合でも，最高裁判例の整理・紹介のしかたとして，「実践例（その1）」とは異なる方法が考えられる。文献を読み込むとわかるが，「無権代理と相続」をめぐる議論では，1人の相続人に本人の地位と無権代理人の地位が帰属したときに，両者の地位の関係をどのように考えるかについて理論的な対立がある。すなわち，資格融合説（相続人のなかで本人の地位と無権代理人の地位とが融合すると解する見解）と資格併存説（相続人は本人の地位と無権代理人の地位とを併せもつと解する見解）が対立している。

そこで，この点の対立が重要であると考えるならば，図表2-6に出てきた最高裁判例について，たとえば図表2-7のように紹介・整理し直すことができるだろう。これは，「本人の地位と無権代理人の地位との関係」という視点から，最高裁判例を紹介・整理したことになる。こうすることで，資格融合説を採用した判例と資格併存説を採用した判例とを比較して，前者の判例が資格融合説を採用したのはなぜか，また，後者の判例が資格融合説を採用せずに資格併存説を採用したのはなぜか，さらに，最高裁判例のなかで見解が分かれてよいかなど，両者の対立点を具体的に分析することができるだろう。

図表2-7

資格融合説 ⬌	資格併存説
・大判昭和2年3月22日 ・最判昭和40年6月18日	・最判昭和37年4月20日 ・最判昭和63年3月1日 ・最判平成5年1月21日

● 実践例（その3）──「資格併存説の内部の対立」という視点 ●

上で言及した資格融合説と資格併存説のうち，今日の学説の大多数は，資格併存説を支持している。ところが，資格併存説のなかでさらに鋭い対立が生じている。すなわち，資格併存説は「相続人が本人の地位と無権代理人の地位とを併せもつ」と解する見解であるが，これはさらに，①両方の地位をいつでも自由に使い分けてよいとする見解と，②両方の地位を使い分けることが信義則上許されない場合を認める見解とに分かれる。

そこで，資格融合説と資格併存説の対立（実践例その2）よりも，現在では「資格併存説の内部の対立」のほうが重要であり，これが未解決の問題として残されていると考えるならば，こちらの議論を詳しく紹介・整理し，対立点を分析するとよいだろう。文献を読み込むと，①の見解と②の見解の対立は，たとえば図表2-8のように整理・分析される。これをもとにして，次の(5)のステップ（議論の対立点についての考察）において，①②いずれの見解がより妥当な解決を導くかを検討していくことができるだろう。

図表2-8

	①の見解（併存貫徹説） ⟵⟶	②の見解（信義則説）
内容	本人の地位と無権代理人の地位を自由に使い分けてよい。 ・無権代理人が本人の地位に基づいて追認を拒絶しても信義則に反しない	本人の地位と無権代理人の地位を使い分けることが信義則上許されない場合がある。 ・無権代理人が本人の地位に基づいて追認を拒絶することはつねに信義則に反する（＊）
背後にある基本的発想	本人あるいは無権代理人が死亡して相続人が本人の地位と無権代理人の地位を併せもったとしても，相続が生じなかった場合——本人と無権代理人が生存している場合——とまったく同じように法律関係を処理すればよい。相続という偶然の事情によって法律関係の処理が変わるのは妥当でない。	無権代理行為をした者は，本人にその行為の効果を帰属させるために無権代理行為をしておきながら，相続によって本人の地位を併せもった途端に，今度は本人の地位に基づく追認拒絶権を行使して，自分への効果の帰属を否定するのは，矛盾な態度であり，信義則上許されない。

＊ただし，共同相続の場合については別に考える。

● テーマ研究をする者の腕の見せ所 ●

以上みてきたように，論点に関するさまざまな見解を紹介・整理して対立点を明らかにすることは，大変重要な作業である。どのような視点に基づいて議論の紹介・整理と対立点の分析が行われたかによって，そのテーマ研究の出来・不出来がほぼ決まってしまうといっても過言ではない。その意味で，テーマ研究をする者の腕の見せ所でもある。どのような視点を設定すればよいかを十分に意識しながら，この作業に取り組もう。

(5) 議論の対立点についての考察

● 説得力の有無・強弱をチェック ●

議論の対立点が明らかになった後は，その対立点について考察を加える。その目的は，さまざまな見解が対立するなかで，どの見解を採用すれば，論点について妥当な問題解決が達成されるかを探ることである。その際，問題解決として妥当かどうかは，テーマ研究をする者の主観で決まるのではなく，説得力の有無・強弱によって決まる。

したがって，考察にあたっては，さまざまな見解のうち，問題解決の方法としてどの見解に最も説得力があるかを探らなければならない。

まずは，さまざまな見解のそれぞれについて，説得力があるかどうかを検証しよう。見解は主張と根拠から構成され，根拠から主張が導き出されている。したがって，「根拠自体に説得力があるか」，また，「根拠から主張を導き出すプロセス（論証）に説得力があるか」をそれぞれチェックすることが必要である。

次に，各見解の説得力を互いに比較してみよう。各見解をみると，どれもそれなりに納得できる見解であることが多いが，互いに比較してみると，説得力の強弱が分かるだろう。

このようにして考察を進めると，そのテーマにおいて採用すべき見解やめざすべき解決の方向性が見えてくるはずである。

以上の作業は，第**1**章3や本節(2)で行う作業と基本的に同じである。したがって，これらの箇所で述べたことも参考にしてもらいたい。

● 複数の文献を参考にする ●

説得力の有無・強弱をチェックせよといっても，自分でゼロから考えるのはとても難しい。ここでも，複数の文献を読み込んで得られた知見が，大いに役立つ。

文献では，それぞれの著者が，独自の視点を設定したうえで，従来の議論を紹介・整理し，他の見解にはいろいろな問題点があり説得力が劣るのに対し，

自分の見解にはより強い説得力があることを論じているはずである。そこで，どのような視点に基づいて各見解の説得力を分析しているか，各見解の説得力をどのように比較して自分の見解の優位を導いているか，などを参考にするとよいだろう。

その際には，1人の著者だけでなく，複数の著者の論じ方を参考にするべきである。たとえば，あるテーマについて，著者Aは法理論の一貫性を重視した論じ方を，著者Bは結論の妥当性を重視した論じ方を，著者Cは社会の実態との整合性を重視した論じ方を，それぞれ採用しているとしよう。このとき，著者Aの文献しか読んでいないと，法理論の一貫性を重視した論じ方しか参考にすることができず，せっかく結論の妥当性や社会の実態との整合性といった論じ方もあるのに，これらを参考にするチャンスを逃してしまう。著者Bや著者Cの文献も読んで，自分はどの論じ方に最も賛同するか，自分が研究するならどの論じ方を採用するかをあれこれ考えると，ここでの考察が充実したものになるだろう。

● 私見を無理に作り出す必要はない ●

テーマ研究では，オリジナリティを出そうとするあまり，これまでの議論の積み重ねを無視して，独自の私見を作り出せばよいと考える人がたまにいるが，これではまったく評価されない。法律学（に限らずあらゆる学問）は先人の業績の上に成り立つものであるから，これまでの議論をしっかりと整理・分析したうえで，そこに自分なりの考察を少しでも付け加えることが求められており，かつ，それで十分である。私見を無理に作り出すことが目的ではないことに注意してほしい。オリジナリティはむしろ，議論の紹介・整理や対立点の分析のところで発揮すると，テーマ研究が優れたものになる（(4)参照）。

● レジュメの作成 ●

テーマ研究についてゼミで報告をするときには，本節で述べたことをふまえてレジュメを作成しよう。先に取り上げた「無権代理と相続」のテーマについて，図表2-9にレジュメ例を載せておくので，参考にしてもらいたい。レジュメも，これまでの手順と同様に，(i)テーマに含まれる論点を抽出し（(3)参照），

図表2-9 レジュメの作成例（テーマ研究）

無権代理と相続
——無権代理人相続型における資格併存説の検討——

報告者：○○　○○

報告者の氏名は必ず記載する

■1：問題の所在

(1) 無権代理の法律関係

テーマを理解するうえで必要な前提的知識を確認する

図などを使ってわかりやすく表現する。

(2) 無権代理と相続
無権代理行為が行われた後、本人または無権代理人の一方が死亡し、他方がこれを相続
・相続した者　＝　本人の地位　＋　無権代理人の地位

事例のパターン：　①無権代理人相続型　②本人相続型　③‥‥　④‥‥

(3) 現在の争点——資格併存説内部の争い
　　資格融合説　VS　資格併存説（多数説）
　　　　　　　　　　　資格併存貫徹　VS　信義則による修正　←　現在の最大の対立点

テーマに含まれる論点のうち、報告で取り上げるものを示す

■2：これまでの議論の状況とその分析

(1) 併存貫徹説と信義則説

併存貫徹説	信義則説
□□□□□□□□□□□□□□ ・○○○○○○○○○○	□□□□□□□□□□□□□□ ・○○○○○○○○○○

議論の紹介・整理も、対立点が明らかになるように、図や表を使ってわかりやすく示す

(2) 両者の基本的発想の違い
両者の対立：無権代理人が本人の地位を相続した場合で顕在化

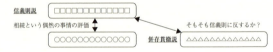

議論の「どこ」が「どのように」対立しているかを、図表などを用いながら明らかにする

(3) 両説の具体的な結論の違い
無権代理人相続型における無権代理行為の相手方の保護について

相手方の態様		併存貫徹説	信義則説
善意	無過失	無権代理人に対する責任追及○	追認したものとみなされる
	過失	無権代理人が悪意であれば、上と同様に○	→相手方は無権代理人に対して履行請求○
悪意		×	

↑　本人が生存している場合と同様に扱っている

対立点が複数存在するときは、項目を分けるなどして整理する

-1-

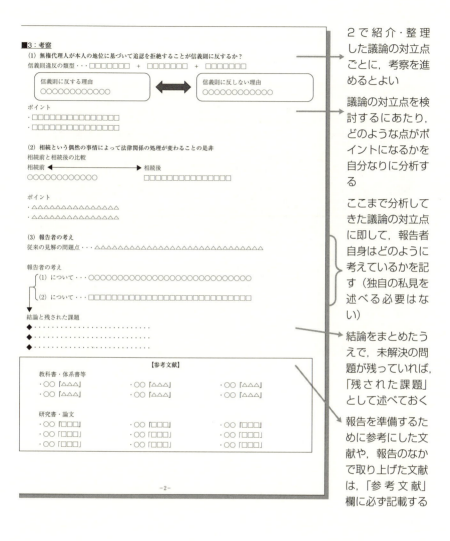

(ii)議論を紹介・整理してその対立点を分析したうえで（(4)参照），(iii)その対立点に考察を加える，という流れにすればよい。

> **Point**
> ・テーマ研究は，(i)テーマに含まれる論点の抽出，(ii)その論点をめぐる議論の紹介・整理と対立点の分析，(iii)その対立点についての考察，から構成される。
> ・文献を読み込んで著者の主張を理解することが，テーマ研究の出発点。根拠と論証に注意して，著者の主張の説得力を分析しよう。
> ・文献を参考にしながら，適切な範囲の論点を抽出する。
> ・論点をめぐる議論をただ並べるだけではダメ。一定の視点に基づいて議論を紹介・整理し，対立点を分析する。視点のヒントは文献を読み込んで見つけよう。
> ・考察は，これまでの議論の積み重ねに少しでも新たなものを付け加えれば十分である。複数の文献を参考にして，自分に合った論じ方を探ろう。

日直 秋山

3 事例演習の手法

(1) 事例演習と民法学習

● **事例演習の効用** ●

　期末試験や各種資格試験でも，民法の論述問題は事例形式のことが多いし，また，ゼミで事例問題に取り組んでいるところもあるだろう。民法が紛争解決の法である以上，民法や民法学の成果を使って紛争解決の道筋を論理的・説得的な形で描けてこそ，真に民法が理解できたといえる。いわば，さまざまな民法学習の集大成として，事例問題は位置づけることができる。

　判例研究では事例を読み込むことが重要であると述べたが，事例演習でもその点は同じである。加えて，当事者の主張や判決に相当する，いわば事例に対する解答を自ら構築することが求められるという意味で，事例演習は判例研究の応用編といってもよいだろう。

　また事例演習には，テーマ研究でも接するさまざまな学説の実践という側面もある。学説というのは，単に説明する言葉の美しさを競っているわけではなく，具体的な事案の解決に向けて，よりよい紛争解決の道具を提供しようという創意を表したものともいえる。諸学説の展開する理論を具体的な事例を読み解くために使ってみることで，それぞれの学説の意義や関係も，より深く理解できるようになるだろう。

　事例問題の答えは一義的に決まるものではない。事実の読み解き方や適用される条文の解釈，参考にする判例の選定や理解によって，導かれる帰結もさまざまに分かれうる。ゼミでも，報告者とは異なる意見が示され，議論が繰り広げられることになるだろう。議論を活発にするために，そして何より議論を自身の学習に十分活かすためにも，予習の段階で，報告者のみならず参加者全員が事例に対する自分自身の結論をしっかりまとめ，そのうえでゼミに臨まなければならない。以下では，主にゼミに向けて必要となる，事例問題に取り組む

手順を述べていくことにしよう。

● 事例演習のねらい ●

ひとくちに事例問題といっても，教科書のなかに設例として差し挟まれているような5〜10行程度の短いものから，用紙1面にわたって事例が続くようなもの，さらには，より実務的な形式で，模擬の契約書などを見ながら事実を把握することを求めるものまで，さまざまなものがある。用いられる事例の長さによって，めざされる獲得目標も異なってくる。

比較的短いものについては，当該事案で用いるべき条文・制度を発見し，それに関係する判例や学説の議論を考察する，といったことに力点が置かれる。一方，細部にわたって事例が描かれているような長文の問題であれば，事例の特性を抽出することの重要性がより高くなり，判例や学説の知見をふまえつつ，そうした諸要素をどう結論に反映させるべきか，という技量が問われることになる。いずれにせよ，事例問題である以上は，当該事例がどのように解決されるべきか，結論を明確に提示することが目的となることに変わりはない。

次に掲げる【事例】は，第1章3(2)の【課題】をさらに展開させたものである。ここでは，詐欺の成否とは別の問題が検討対象となっており，また，結論を導くうえで考慮されるべき要素や論点もさまざまに付け加わっている。以下では，この事例を念頭に置きながら，解答を導くための手順や心得を示すことにしたい。

【事例】 A社は，20階建ての甲マンションの分譲販売を開始したが，その広告では「東京湾の全景があなたの生活空間を彩ります」とのキャッチコピーのもと，東京湾の夜景の写真が配される等，眺望や日照のよさが前面に打ち出されていた。この広告を見て現地を下見に訪れたBは，甲の建設予定地の南側の空地を見て，日照を遮るような建物が建ったりしないかA社の係員に尋ねたところ，当該空地もA社の所有地だが，緑地にする予定なので高層の建物が建つことはないと説明された。園芸を趣味とするBは，これを聞いて安心し，甲の12階の一室を購入した。ところが，その1年後，経営難に陥ったA社は，新たな売却益をあげるべく，当該空地に25階建ての乙マンションを建設しはじめた。この結果，Bの部屋の日照時間は当初の3分の1になり，東京湾もほとんど見えなくなった。BはAに対していかなる主張ができるか。なお，甲は，最寄り駅から徒歩6分の交通至便の地

にあり，近年マンションが続々と建設される地域でもあった。また，AB間で交わされた売買契約書には，周辺の環境変化により日照等に変化が生じた場合でもAは責任を負わない旨の条項があった。

(2) 事例から論点を発見し，検証する

● 事例の特性を抽出する ●

　事例演習の第1のステップは，事例をじっくり読み込んで，そこに潜んでいる重要な要素を漏れなくピックアップしていくことである（もっとも，単純な事例であれば，この作業の必要性は相対的に低くなる）。そして，紛争の各当事者の立場に立って，それらを自身の主張を基礎づけるのにどのように用いるかを想定してみよう。

　【事例】では，Bは，広告で日照・眺望のよさが強調されていたこと，A社の係員に空地に高層の建物は建たないと断言されたこと等を問題にできるであろう。他方，Aとしては，広告はともかく売買契約書には日照・眺望につきAは責任を負わないと明記されている，とか，係員がBに説明した時点では建物を建てる予定がなかったし嘘は言っていない，といった点を指摘できようか。ほかにも，Aとしては，甲が交通至便の地にあり，近隣ではマンションが続々と建設されていたことをふまえ，日照・眺望がマンション購入の主目的とは考えがたい，とか，代金に見合う価値のマンションにはなっているはずだ，といった反論ができるかもしれない。あるいは，Aが乙マンションを建設したのは経営難のためで，やむをえないことだった，といったことも，Aの言い分として使えるかもしれない。

● 当事者の言い分を法的論拠に置き換える ●

　当事者の言い分を種々指摘できたなら，次は，それらがどのような法的論拠を用いて主張できるものかを検討する。請求する側が使える論拠・条文を考え，それに対して相手方がするであろう反論を想定することで，両当事者の主張を法律の議論に置き換えていくのである。

107

【事例】では、Bは、Aにより（結果的に）誤った情報がもたらされ、それによって意思表示をした点につき、詐欺や錯誤、あるいは説明義務違反に基づく損害賠償請求を主張することが考えられる。また、損害賠償請求に関しては、将来にわたり日照を確保することも契約内容に含まれていたとして、その特約についての債務不履行責任を根拠とするものも考えられる。本事例に見いだされる要素をどう評価すれば、根拠条文の要件が具備されたといえるのか（あるいは具備されていないことになるのか）を検証していこう。

●●　(3)　判例や学説を検証し，事例検討に役立てる　●●

● 関連判例を調べ，分析する ●

事例問題を検討するうえでは、関連する判例が重要な手がかりを与えてくれる。当該事例と似たような問題を扱った判例を、まずは探しだそう（ちなみに、【事例】のような日照・眺望の悪化に起因するマンション売買の紛争は、裁判例としても数多く存在する）。

判例を調べることの目的は、1つには、条文に示されている抽象化された要件について、それを具体的にどのように解釈すべきかの指針を得る、ということにある。また、それ以前の問題として、上に述べた法的論点の抽出という作業をするに際しても、これら関連判例において原告・被告がどういった主張を展開しているのかは大いに参考になるはずである。

注意しなければならないのは、関連判例が見つかったからといって、その判決の内容をそのまま事例問題の結論にしてはいけない、ということである。長文にわたる事例問題には、リアルさを出すために、現実に起きた紛争である裁判事案を基礎としているものが少なくない。ただ、その場合でも、ベースとした裁判事案からそのまま事例問題が仕立て上げられているとは限らない。むしろ、ひとひねり加えられているのが作問の常であり、その際には、事実のなかで結論を左右するような重要な部分を、あえて（さりげなく）変えておく、といったこともされる。そんな作問者のワナにハマってはいけない。

本章1で「判例研究」に関して強調して述べたことでもあるが、その判決がどのような事案に対して示されたものかを精査することが、ここでは重要と

なる。似たような事案でも判決の結論が異なることは多々あるが，そうした複数の判例を対比し，事案のどこに違いがあって結論が変わっているのか，といったことの分析を通じて，単なる抽象論にとどまらない，より具体的な判断基準を明らかにし，そのうえで事例問題に応用するよう心がけてほしい。判例の一般命題だけに着目するのでは，到底対応することができないのである。

● **学説の検討を事例解決に役立てる** ●

　検討されるべき法的論点について目星がついたら，教科書などの文献を読んで，その箇所でどのような議論が展開されているのかを確認しよう。

　論点に関する学説状況を示し，いずれの見解を支持するかを私見として述べたりすることも，事例によっては必要となるかもしれない。しかし，その場合でも，単にどの説がよいかという一般論に終始してはいけない。その見解をとると，当該事例についてはどのように解決が導かれるのかを示すことこそ重要である。逆にいえば，当該事例の解決が各説によってどのように違ってくるのかを述べることによって，自らが支持する見解の優位を論証するわけである。当該事例において結論を導くのに不可欠となる諸要素を適切にくみ上げ，評価できる判断枠組みを提示してくれるのはどの見解か，という視点から，学説の検討を行ってもらいたい。

　どの学説をとるかの態度決定をしたからといって，それで事例の結論が直接に導けるものではない。【事例】でも主張されることになるであろう錯誤取消しについて，考えてみよう。かつての「動機の錯誤」をめぐる議論状況を継いで，平成29年改正民法における基礎事情錯誤の「表示」要件（95条2項）の解釈でも，「表示による相手方の信頼保護」と「法律行為の内容化」のいずれを重視すべきかは見解が分かれる。確かに，どちらの見解をとるかによって，結論に至るまでの道筋が変わってくることはあるだろう。しかし，ここで表示重視説をとりさえすれば，この【事例】で錯誤取消しが認められやすくなる，などと即断できるものではない。Bがマンション購入にあたって日照に大きな関心を寄せていたことをAが察知できたからといって，それが取消しを認める要件である「表示」と評価できるかは定かではないし，錯誤が「重要なものである」（同条1項）か否かを表示重視説はどう判断するのかも検討する必要が

ある。錯誤の一般的な解釈論を抽象的なレベルで論じるだけでは，事例の解決を導くことはできないのである。

● 学説のもつ意味を精確にとらえる ●
　本章２で扱われているテーマ研究の学び方は，事例演習で学説を参照するときにも応用できる。その際とくに気をつけたいのは，学説を単なる抽象化した命題ととらえてはいけない，ということである。
　たとえば，物権的請求権に関する事例問題で，自分は行為請求権説をとるべきと考えるから，請求の相手方が費用を負担して侵害状況の回復を図るべきである，と簡単に結論づけるものもしばしば見受けられる。しかし，行為請求権説の論者であっても，ときには「侵害」要件を満たさない事例であると評価するとか，自然災害としての斜面崩落をめぐる相隣関係者どうしの場合には費用折半とする，といったように，議論の射程を限定して主張が展開されていたりもする。妥当でない結論が導かれてしまう学説は，そもそも解釈学説として成り立ちえない。どの説をとっても，常識で判断して妥当と思えるような結論に落ち着くはずであって，その意味では，１つの事例に対する解決が学説によって極端に変わることは，あまりないといえる。その学説が，どのような具体的な問題の解決を念頭に置いて主張されているものかをきちんと把握し，その議論の妥当領域を見極めながら，そして事例解決としての結論の妥当性を意識しながら，論証を進めていこう。

●● (4) 事例に対する結論を提示する・議論する ●●

● 結論を分ける要素に着目する ●
　以上に述べたような考察をふまえ，最後には，この事例についてはどのような結論が導かれるべきか，自身の態度を決することになる。法的論拠や解釈上必要となる判例や学説の分析についても，もちろん示す必要があるが，不可欠なのは，事例のなかのどの要素をどのように評価したのか，それを法的論拠を用いながら説明をする，ということである。
　本章１において判例研究の手法としても述べたことだが，事案のどの部分

が変われば結論が変わる可能性があるのか、ということを強調するとよいだろう。問題のなかで明らかにされていないところに重要な要素があると考えるときは、場合分けをしたり、あるいは、「〜という事情が認められないかぎり」という留保を付す形で判断の分かれ目を明確にするテクニックも効果的に用いよう。

● 事例を多面的に検証する ●

　結論を示す際には、ありうる事態を種々想定し、さまざまな角度から検証を重ね、自身の主張を強固なものにしていこう。たとえば、【事例】で、Ａ社が南側空地を当初は緑地にするつもりだった、という事実もふまえ、Ａは日照確保の債務や緑地にする債務を負っていた、としてＡの責任を厳しく問えると解したらどうなるか。この場合、Ａは経営難に陥っても空地を売れないことになるが、経営が破綻して空地が競売され、買受人に高層ビルを建てられたら、元も子もない。そのような事態に陥る可能性もふまえ、日照確保をＡの債務とまでみてよいのかを決しなければならない。

　また、損害賠償請求を認めるとなったときには、「交通至便の地にある」という理由で購入した者よりも、Ｂは安価で購入できたのと同じことになるが、客観的には同じ価値の物件でありながら、また同じ契約書を用いているのに、契約から生ずる債務にこのような差異が生じてしまうのはおかしくないか、ということも検討される必要がある。

　こだわらなければならない点はほかにもいくつかありそうである。こうした諸要素を総合的に評価し、ありうる可能性をできる限り具体的に想定することから、偏った極端な見方ではない、妥当な解決となっているかを検証しよう。

● 質疑応答も事例をふまえて ●

　効果的な議論のしかたについては第**3**章で説明があるが、ここで強調しておきたいのは、自分の考えの正当性ばかりを説くのではなく、「あなたの主張には、このような問題がないか」という具合に、相手の主張の問題を指摘すること、とりわけ事例問題の質疑応答では、それをできるかぎり事例に即して具体的に行うよう心がけてほしい、ということである。

【事例】において，錯誤取消しの当否をめぐって展開される討議を考えてみよう。基礎事情錯誤の「表示」要件の解釈について，表示重視説をとりつつ錯誤取消しを認める論者に対して，「私は内容化を重視すべき立場が妥当と考えるから，あなたの主張には賛成できない」等として，学説の当否について抽象論レベルで異議を述べるだけにとどまっては，事例問題を素材にしたことの意味がなくなってしまう。

むしろ，錯誤取消しを認める論者への質問ならば，このような場合に錯誤を認めてしまうとどんな不都合があるかを具体的に指摘するのが有用である。たとえば，「契約締結時には日照眺望が確保されていたのだから錯誤の状態にはなかった，そうである以上，意思表示後に生じた事由をもって，遡って意思表示の錯誤を主張することはできないはずだ」，「それが許されてしまったら，○○のような事態も生じるなど，法的安定性が著しく害されるのではないか」といった質問も考えられようか。これに対して相手側は，「状況が変化したために錯誤による取消しが可能となる，というのは××のような場合を想定すればたしかにおかしいかもしれないが，今回の事例は○○という事情がある以上，錯誤取消しを認めることに不都合はない」とか，「○○という事情が認められる本事例は，契約後の事情の変化によって錯誤の状態が生じたと評価されるものでない」などというかたちで，再反論ができるかもしれない。

このように，事例演習の質疑応答では，法解釈の一般論に関する当否を交えつつも，つねに具体的に問題となる局面を想定しながら，相手の議論の弱点を突く，という発言を意識してもらいたい。

事例演習は，法律討論会や模擬裁判において用いられることも多い。法律討論会の具体的な実践方法については，**第5章**で取り上げる。

Column　模擬裁判

事例演習の発展型とでもいうべきスタイルとして，原告・被告・裁判官の3つのグループに分かれて裁判形式で紛争事例について討論を重ねる模擬裁判がある。模擬裁判では，相対立する紛争当事者の一方の立場に身を置き，いかに説得的な主張をできるかの勝負となる。模擬裁判は，ディベートの一種というべきものでもあり，**第4章**でその魅力とテクニックを学んでほしい。

3 事例演習の手法

Point
- 事例演習では，判例研究やテーマ研究で培われる事案分析の力量や法理論の正確な理解と応用力が総合的に試される。
- 事案の特性をふまえ，そこから適切に論点を抽出できるかが最初の課題。
- 関連する判例や学説を事案解決へどう活かしていくかに創意をこらそう。
- 事案の解決として妥当な結論となったかを多面的に再検証しよう。

第3章 ディスカッション

1 ディスカッションの効用とそのポイント

(1) ディスカッションの効用

● ディスカッションで身につくこと ●

　判例研究，テーマ研究，事例演習のいずれにおいても，参加者同士でディスカッションが行われることが多い。よくみられるのは，担当者が報告を終えた後に，ディスカッションの時間が設けられるパターンである。また，授業外で，たとえば，法科大学院入試に向けて問題を解くための自主的なゼミなどを組むときも，ディスカッションが行われるだろう。

　法律学において，ディスカッションはとりわけ重要である。法律に関わるテーマでは，複数の主張が互いに対立している。そして，これらの主張のなかでどの主張がより説得力を有しているか，を法的な観点から議論によって明らかにするのが法律学の任務である。ディスカッションは，まさにこのような議論を行う場にほかならない。

　ディスカッションによって身につく能力として，とくに次の2つを挙げることができる。

　第1に，ディスカッションでは，自分の主張を述べて，他人を説得することが求められる。このことを通じて，自分の主張を他人にわかりやすく，かつ，説得的に伝える技術や能力を養うことができる。

　第2に，ディスカッションでは，他人からの質問や反論に対して応答したり，

あるいは，他人の主張に対して質問や反論をすることが求められる。レポートなどの文書を書くときは自分の頭の中で行われることが，ディスカッションでは，他人とのコミュニケーションのなかで行われる。このようなコミュニケーションを通じて，他人の主張を聴いてその重要ポイントをつかむ能力や他人からの質問や反論に的確に対応する能力などが鍛えられる。

● ディスカッションの勧め ●

このように，ディスカッションは重要な意義を有しているが，実際には，自分の主張を他人に適切に伝えられなかったり，他人の主張に対する質問が出ず，そもそも議論にならないなど，ディスカッションがうまく行われないことも多い。また，ディスカッション自体は盛り上がっても，他人の主張に対して質問や反論をしたり，自分の主張を他人の主張と戦わせたりすることができずに，他人の話を黙って聴くだけで終わってしまうなど，ディスカッションの場を活かせていない人もよくみられる。

それでは，ディスカッションを成功させ，参加者がそこから有意義なことを学ぶためには，どのような点に注意すればよいだろうか。

本章では，実例を交えつつ，この点を述べていく。もっとも，こうすればディスカッションがすぐ上手になる，というようなマニュアルが存在するわけではない。読者の皆さんには，以下で述べることをヒントにしながら，試行錯誤しつつ，ディスカッションに積極的に取り組んでもらいたい。

●● (2) ディスカッションのポイント（その1）
──問題点を明確にする ●●

● ディスカッション成功の最初の一歩 ●

ディスカッションの参加者は，ディスカッションのテーマにおいてどのような点が問題になっているかを把握しなければならない。問題点を把握していないと，どの点を議論したらよいかが曖昧になるため，議論をしてもかみ合わなかったり，議論が拡散して収拾がつかなくなるおそれがある。そこで，問題点を明確にして参加者のなかで共有することが，ディスカッションを成功させる

最初の一歩となる。

● 問題点の分析のしかた ●

問題点が何であるかを分析するには，教科書などの文献を参考にして考えるとよい。たとえば，次のようなディスカッションの【テーマ】が設定されたとして，その問題点をどのように分析することができるだろうか。少し難しいかもしれないが，チャレンジしてみよう。

【テーマ】
　XとYは夫婦である。Yは，銀行から1000万円を借りて事業を営んでいたが，事業に失敗し，1000万円を返済できなくなった。そこで，Yは，Xが甲土地（900万円相当）を所有していることを思い出し，借金返済の資金を調達するために，Xの代理人として，甲土地を900万円でZに売却する旨の契約をZと結び，甲土地の引渡しと代金の支払がなされた。これらはすべて，Xに無断で行われていた。
　以上の事態を知ったXは，Zに対し，甲土地の返還を請求することができるか。

問題点を分析するには，教科書や判例教材・演習書などを読むとよい。そこで，これらを参照すると，次の①〜④の手順で考えればよいことがわかるだろう（詳しいことは，民法総則や親族法の教科書などでさらに勉強してほしい）。

　① Yが甲土地の売買契約の締結について代理権を有しているならば，売買契約の効果は本人であるXに帰属する（民法99条1項）。つまり，Xは，自分で売買契約を結んだ場合と同じ効果を受けることになる。そうすると，甲土地をZに売ったのだから，Xが，Zに対し，甲土地の返還を請求することはできない。
　② それでは，Yは，甲土地の売買契約の締結について代理権を有しているか。
　まず，甲土地の売買契約の締結について，YがXから代理権を与えられているという事情はない。
　次に，民法761条は，日常の家事に関する債務について夫婦が連帯して責任を負うと定めているが，判例・学説の解釈によると，日常の家事について，夫婦がお互いに代理権を有することをも定めた規定だと解されている。そこで，甲土地の売買契約の締結が日常の家事だといえれば，Yはこれについて代理権を有することに

なる。もっとも、一般的な夫婦を想定する限り、土地の売買を日常の家事とみることはできない。したがって、Yが、民法761条を根拠として、甲土地の売買契約の締結について代理権を有することもない。

③　Yは代理権を有していないので無権代理に当たり、①とは異なり、売買契約の効果はXに帰属しない（民法113条1項）。Xは、甲土地がZに売られたことを否定できるから、Zに対し、甲土地の返還を請求することができる。

④　もっとも、無権代理（③）の場合であっても、表見代理（民法109条・110条・112条）が成立すると、売買契約の効果が本人であるXに帰属するので、①の結論になる。それでは、表見代理が成立するか。
②で述べたように、Yは日常の家事について代理権を有しているところ、この代理権の範囲外の行為をしている点で、「代理人がその権限外の行為をした場合」（民法110条）に当たるといえないか。そのようにいえれば、民法110条の表見代理が成立する可能性がある。

以上の①〜④によれば、【テーマ】の問題点は、④の部分、すなわち、「夫婦の日常家事についての代理権に基づいて民法110条の表見代理が成立するか」というかたちで具体化することができる。

● 問題点を明確にするための質問 ●

あるテーマについてあらかじめ報告者が決められている場合には、報告者が、そのテーマのどこに問題点があるかを分析して報告するはずである。そのときは、報告者が示してくれた問題点を手がかりにすればよい。

ただし、報告者の抽出した問題点があまりにも抽象的であったり、ズレていたりすることもある。したがって、報告者の分析をそのまま受け入れるのではなく、自分でも検証してみることが必要である。もし報告者の分析が不十分であると感じたときは、「報告者の指摘した問題点をもっと具体化すると、〇〇になると思います」とか、「このテーマの問題点として、□□も付け加えたほうがよいのではないでしょうか」などと指摘しよう。

(3) ディスカッションのポイント（その2）
―― 他人の主張を理解する

　抽出された問題点をめぐっては，複数の主張が対立しているため，議論を通じてどの主張が説得力を有するかを決めていくことになる。
　そのためには，自分の主張だけでなく，他人の主張を理解することも必要不可欠である。他人の主張を理解していなければ，その主張に説得力があるかどうかを判定することもできないからである。
　そこで，もし他人の主張が不明確な場合やわかりにくい場合は，その人に質問して，主張の内容を明らかにしてもらおう。あるいは，その人の主張を自分なりに理解したうえで，「○○さんの意見は□□だと理解しましたが，それでよろしいですか」と確認するのも有益である。【テーマ】でいえば，次のようにするとよいだろう。

> A山先生：それでは，【テーマ】について議論を始めましょう。意見のある人はいますか。（学生Bが挙手）Bさん，どうぞ。
>
> 学生B：甲土地を勝手に売られたXがかわいそうだから，Xの請求を認めてあげたいですが……ちょっと困ったなあ。
>
> 学生C：今，困っていると言ったけど，なぜ困っているのかをもう少し説明してもらえませんか。（あるいは）そのニュアンスだと，民法110条の表見代理は成立しないという意見だと思いますが，それでよろしいですか。

(4) ディスカッションのポイント（その3）
―― 根拠と論証に着目する

● 説得力の有無・強弱が決め手 ●
　法律学の問題において複数の主張が対立している場合に，どの主張を採用するかは，各主張の説得力の有無・強弱を比較して決められる。このことは，第

1章3などですでに述べた。

ディスカッションでは、各主張の説得力の有無や強弱を、まさに議論によって明らかにしていくことになる。つまり、それぞれの主張に説得力があるか、その説得力がどのくらい強いか・弱いかを議論によって決めるのが、ディスカッションの目的である。

それでは、主張の説得力の有無・強弱は、どのようにして決まるのだろうか。

これも第1章3で述べたが、主張は、それを支える「根拠」と、根拠から主張を導き出す「論証」によって構成されている。それゆえに、ある主張に説得力があるかどうかは、(a)根拠に説得力があるか、および、(b)根拠から主張を導き出す論証に説得力があるか、の両方によって決まる。

したがって、ディスカッションでは、以上の(a)と(b)について集中的に議論することが必要である（図表3-1参照）。具体的にどのように議論すればよいかは、この後の2と3で詳しく取り上げることにしよう。

● 文章で表現する場合とディスカッションでの議論との違い ●

以上によると、ディスカッションで議論すべきことは、法律学の文章を「説得的に表現する」こととと広く重なっている。法律学が"説得の学問"といわれ

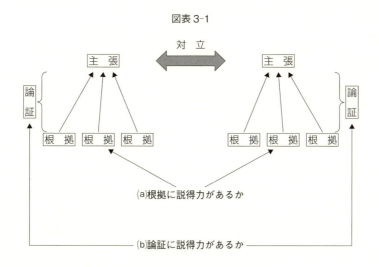

図表 3-1

ている以上は，文章で表現する場合も，ディスカッションで議論する場合も，やるべきことは基本的に変わらない。

　もっとも，文章で表現する場合とディスカッションで議論する場合との間には，大きく異なる点がある。

　文章で表現する場合は，ある主張を採用するかどうかを，1人で時間をかけてあれこれと考えることができる。これに対して，ディスカッションで議論する場合は，他人の主張を聴きながら，その根拠や論証の説得力の有無・強弱をその場で判断し，説得力が乏しいとなれば，他人に対して質問や反論をすることが求められる。反対に，自分の意見を述べる場合には，根拠や論証を考えながら主張を述べたうえで，他人からの質問や反論にその場で対応しなりればならない。つまり，ディスカッションでは，現場における他人とのコミュニケーションという要素が加わることになる（文章で表現する場合も，いろいろな意見を比較対照しながら書くので，いわば頭の中で他人とのコミュニケーションをしているが，ディスカッションの場合は，教室などの現場でそれを行うことが大きな特徴である）。

　そこで，以下では，現場での他人とのコミュニケーションというディスカッションの特徴にも留意しながら，根拠と論証をどのように議論すればよいかを具体的にみていこう。

2　ディスカッションの実践（その1）
―― 「根拠」を議論する

● ●　(1) 根拠を分析する　● ●

● まずは根拠を確認する ●

　他人の主張に賛成するか・反対するかを考えるにあたっては，まず，その主張がどのような根拠に支えられているかを確認しよう。本章1(4)で述べたように，根拠に説得力があればあるほど，その根拠によって支えられた主張の説得力も増すという関係にある。したがって，根拠がそもそも何であるかがわかっていないと，議論もできない。

しばしばみられるのは,「〇〇すべきだ」と主張していても,その根拠が不明確であったりわかりにくい場合である。これでは,どういう根拠の説得力を議論したらよいかがわからない。そこで,主張者に対して,根拠を明確に示すように求めたり,もう少し具体的に説明してもらうとよいだろう。反対に,自分がなんらかの主張をするときは,その根拠が何であるかを明示するように心がけるべきである。

● 根拠に説得力があるかを問う ●

根拠がわかったら,次には,その根拠に説得力があるか,別の言い方をすれば,自分はその根拠に納得できるかを分析する。分析にあたっては,第1章3で述べたことも参考になるので,必要があれば,もう一度読み返してもらいたい。

本章1(2)(116頁)で取り上げた【テーマ】で実践してみよう。【テーマ】について調べてきた報告者が,【報告者の主張】を述べたとする。そして,報告者と学生Dとの間で,【やり取り①】があったとしよう。

【報告者の主張】
報告者:夫婦の日常家事についての代理権に基づいて,民法110条の表見代理が成立する可能性があると考えます。
　まず,民法110条の文言に照らして検討します。民法110条の「権限」とは,表見代理の成立の基礎となる代理権をいいます(基本代理権とよばれています)。Yは,日常の家事の範囲内であれば代理権を有しているので(民法761条参照),「権限」=基本代理権があります。そして,Yは,その代理権の範囲外の行為,すなわち,甲土地の売買契約の締結をしており,これは,民法110条の「代理人がその権限外の行為をした」に当たります。したがって,民法110条のこれらの要件を満たします。
　次に,実質的に検討します。表見代理とは,代理人が代理権を有しているかのような外観を相手方が信頼した場合に,相手方のそのような信頼を保護して,取引の安全を確保することを目的とした制度です。たとえば,YがXの実印を持参したり,Xの了承を得ていると自信ありげに語ったりすれば,相手方であるZは,Yが甲土地の売買契約の締結について代理権を有していると信じるでしょう。そのようなZの信頼を保護するためには,夫婦の日常家事の代理権を基本代理

権として，民法110条の表見代理の成立を認めるべきです。

【やり取り①】
学生D：このままではXがかわいそうだから，XのZに対する甲土地の返還請求を認めるべきです。ところが，報告者の意見では，表見代理が成立すると，売買契約の効果がXに帰属し，Xの返還請求が認められなくなります。
報告者：しかし，XのZに対する返還請求を認めると，甲土地を返還しなければならないZもかわいそうです。「かわいそう」だけでは，理由として弱いと思います。なぜXがかわいそうなのか，もう少し具体的に説明してもらえませんか。

学生Dは最初，報告者の意見に疑問があると述べるにあたり，「Xがかわいそう」という根拠を示している。しかし，第1章3でも述べたように，「かわいそう」という感情論では説得力があるとはいえない。法律学の世界で通用する根拠を見つけだす必要がある。そこで，【やり取り①】の報告者は，学生Dに対して，そのような根拠を具体的に説明してくれと迫ったわけである。

● 法律学の世界で通用する根拠を示す ●

これを受けて，学生Dと報告者との間で，さらに【やり取り②】が続いた。

【やり取り②】
学生D：どうもすいません。報告者は，相手方Zの信頼の保護を強調しますが，Xの財産の保護にも配慮するべきです。XとYは夫婦とはいえ，Xの財産はXのものです。Yが，Xに無断で，Xの財産を代理人として売ることなど認められません。ところが，表見代理が成立すると，売買契約の効果がXに帰属するので，Yが代理人として勝手に売ることを認めたのも同然になります。これでは，Yの身勝手な行為によって，Xの財産が他人に流出してしまいます。Xが「かわいそう」とは，このような意味です。
報告者：Xの財産が流出するのは，そのとおりです。しかし，甲土地の売買契約の締結についてYは代理権を有しているはずだ，と信頼したZの保護の方がもっと重要だと思います。そこで，夫婦の日常家事の代理権を基本代理権としたうえで，Zの信頼が正当といえるか，つまり，民法110条の「代理人の権限があると信ずべき正当な理由がある」といえるかを，慎重に判断すればよいでしょう。

【やり取り②】では、学生Dは、Xの財産はあくまでもXのものであり、これがYによって勝手に処分されてはならないこと、ところが、表見代理の成立を認めると、Yによる勝手な処分を認めるも同然となり、Xの財産が保護されない結果になること、などの根拠を述べている。これであれば、単に「かわいそう」ではなく、夫婦の財産の独立性が重要であることなど、法律学の世界で通用するべき根拠になっているといえるだろう。

これに対して、報告者は、表見代理の制度の目的、すなわち、代理人が代理権を有しているかのような外観を相手方が信頼した場合の、その信頼の保護を強調している。このような態度をとることは、何ら不思議ではない。Xの利害とZの利害が正面から対立している以上、Xの立場だけでなく、Zの立場にも配慮しなければならないのは当然だからである（いろいろな立場に立つことの重要性については後の(3)でも述べる）。しかし、【報告者の主張】だけを聴いたときと比べると、【やり取り②】を経ることによって、報告者の考えだけが唯一のものではなく、学生Dのいうように、Xの財産の保護を理由に表見代理の成立を否定する考えもありうること、そして、夫婦の財産の独立性や表見代理の制度の目的など、さまざまな視点からこの問題を検討しなければならないことが明らかになった。

●● (2)　「なぜ」の質問を大切にする ●●

● そのように考えるのは「なぜ」か？ ●

さて、【やり取り②】の後に、別の学生からも質問が出て、次の【やり取り③】が続いたとしよう。

【やり取り③】
学生E：報告者がZの信頼の保護を重視しているのはわかりましたが、そこまでZの保護にこだわるのはなぜですか。
報告者：Zの信頼を保護するべきであるのに対して、Xは不利益を受けてもやむをえないからです。日常家事についての代理権を有しているYは、代理人としてXの財産を勝手に売ってしまうなど、代理権の範囲外の行為をするおそれが常にあります。そうすると、代理人Yが代理権の範囲外の行為をしたときのリスクは、

> その代理人を使用している本人Xが負担するべきでしょう。ですので，表見代理が成立し，Yの結んだ甲土地の売買契約の効果をXが引き受けることになってもやむをえません。
>
> 学生E：Yが代理権の範囲外の行為をしたときのリスクを，なぜXが引き受けなければならないのですか。
>
> 報告者：それはどういう意味ですか。
>
> 学生E：Xが自発的にYに代理権を与えたのであれば，自分の意思でYを代理人に選んだ以上，Yが勝手な行為をしたときのリスクはXが負うべきです。しかし，日常家事についての代理権は，民法761条によってXY間に自動的に発生します。Xが自発的にYに与えたものではありません。自分の意思でYを代理人に選んだわけではないのに，勝手な行為をしたときのリスクだけをXに負わせるのは，妥当でないと思います。
>
> 報告者：いや，Xは自分の意思でYと婚姻したのだから，その延長として，日常家事について相互に代理権を有することも容認していたはずです。ですので，Xは，日常家事について，自分の意思でYを代理人に選んだといってもよいのでは。
>
> 学生E：婚姻したら，日常家事の代理権を与えることまで容認したといえるでしょうか。……（さらに，白熱した議論が続く）

　【やり取り③】の学生Eは，報告者がなぜ代理行為の相手方（買主であるZ）の立場をそこまで重視するのかを質問している。

　このような「なぜ」の質問は，根拠に説得力があるかどうかを議論する場合はもちろんのこと，ディスカッション全般においてとても重要である。このような問いかけをすることで，その根拠を持ち出したのはなぜか，その根拠にこだわるのはなぜか，別の意見ではダメなのはなぜか，などをさらに考えていくきっかけとなるからである。【やり取り③】でも，学生Eの「なぜ」の質問が，報告者が暗黙のうちに考えていた根拠——代理人Yが代理権の範囲外の行為をしたときのリスクは本人Xが負うべきであるという根拠——を明らかにしたといえるだろう。

● 「なぜ」の質問をさらに続ける ●

　「なぜ」の質問に対する回答が，さらに，新たな疑問を生み出したり，自分の考えと違っていて納得できないなどの感想をもたらすだろう。

そこで，引き続き，新たな疑問について「なぜ」の質問を投げかけたり，納得できない回答に対して自分の考えをぶつけたりしよう。こうすることで，議論が一層進展し，その根拠に説得力があるかどうかをより深く検討できるようになる。【やり取り③】でも，報告者の回答に対して，学生Eは，日常家事についての代理権は民法761条によって与えられたもので，Xが自分の意思でYに与えたわけではない，それにもかかわらず，Yが代理権の範囲外の行為をしたときのリスクをXに負わせるのは妥当でないと述べて，報告者の根拠が説得力に乏しいことを主張している。これに対して，報告者も，XはYと婚姻したのだから，日常家事についての代理権をYが有することも容認している，と反論している。

残念ながら，実際のディスカッションでは，報告者の示した根拠に対して質問が出され，それに対して報告者が回答すると，そこで議論が終わってしまうことも多い。しかし，これでは，その根拠に説得力があるかどうかを表面的に検討するだけになり，深く考えるきっかけにはならないだろう。回答が出てきたら，その不十分な点や疑問点，あるいは，その回答と自分の考えとの違いなどをよく吟味して，「質問→回答」が2回，3回，……と続けて行われるように心がけたい。

●●（3）着眼点を変える，異なる立場に立ってみる ●●

他方で，【やり取り③】を受けて，次の【やり取り④】のような議論の展開も考えられる。

【やり取り④】
報告者：しかし，代理人Yが勝手な行為をしたことのリスクをXとZのどちらが負うかといえば，やはりXが負うべきだと思うのです。そうでないと，Zの信頼や取引の安全が害されてしまいます。
学生F：Zの信頼や取引の安全も重要ですが，【やり取り②】のDさんの意見にあったように，Xの財産の保護，すなわち，夫婦の財産の独立を守ることも重要です。両者のバランスのとり方を考えましょう。日常家事についての代理権が基本代理権に当たるとして民法110条をストレートに適用すると，表見代理が広

く成立してしまい，Xの財産の独立が害されます。そこで，Yの代理権の範囲外の行為（甲土地の売買契約の締結）が「日常の家事に関する法律行為に含まれる」と信じたことについて，Zに正当な理由がある場合に限って，表見代理の成立を認めて，売買契約の効果がXに帰属すると解してはどうでしょうか。このように解すると，表見代理の成立が狭くなって，Xの財産の独立にも配慮できます。

報告者：なるほど。通常の場合だと，甲土地の売却を「日常の家事に関する法律行為に含まれる」とZが信じることはあまりないので，表見代理は成立せず，Xの財産が保護されますね。他方で，よほどの特別な事情があって，「日常の家事に関する法律行為に含まれる」とZが信じることに正当な理由があるという場合は，Zの信頼を保護するべきで，Xが不利益を受けてもやむをえないでしょう。バランスのとり方として絶妙です。

　【やり取り②】の学生Dや【やり取り③】の学生Eは，報告者の主張に対して，どちらかというと正面から（つまり反対の立場から）質問を投げかけていた。ところが，【やり取り④】の学生Fは，報告者が支持する根拠——相手方Zの信頼や取引の安全の確保——に乗りつつ，Xの財産の保護（夫婦の財産の独立）も重要であることを踏まえて，両者のバランスのとり方として，新たな見解（Yの代理権の範囲外の行為が「日常の家事に関する法律行為に含まれる」と信じたことについてZに正当な理由がある場合に限って，表見代理の成立を認める）を提案している。つまり，学生Dや学生Eは，Zの信頼や取引の安全を保護するとXの財産が保護されないこと自体を議論していたのに対して，学生Fは，着眼点を少しずらし，Zの利害とXの利害とのバランスを考えて，表見代理の成立する要件を見直すべきではないかと議論している。

　このように，着眼点を少し変えたり，異なる立場や別の当事者の視点から問題を眺めたりすると，新たな発想の質問や意見が出てきやすくなる。これはとくに，議論がこう着状態に陥って先に進まないとき（同じことを繰り返し議論しているときなど）に有効である。そこで，ディスカッションでは，あまり固く考えずに，柔軟にいろいろなことを発想してみるとよい。議論に新たな風が吹き込まれ，根拠に説得力があるかどうかをさまざまな角度から検討することができるだろう。

● ● (4) 自分の意見を述べるときも同様 ● ●

　ここまでは，他人の主張に対して質問をしたり自分の考えをぶつけたりする場面を取り上げてきた。これとは反対に，ディスカッションでは，自発的に挙手したり指名されるなどして，自分の意見を述べることも多い。この場合に注意すべき点は，これまでに述べたことと基本的に同じである。すなわち，自分の意見を述べるときも，主張の根拠を明示し，かつ，その根拠は法律学の世界で通用するものを用いるように意識しよう。

　自分の意見を述べると，他人から質問が飛んできたり他の考えをぶつけられる。【やり取り①】〜【やり取り④】の報告者の立場に置かれるわけである。その場合の対応のしかたも，これまで述べてきたことを応用すればよい。たとえば，自分の主張の根拠に対して「なぜ」を問う質問が来たときは，なぜなのかを真摯に考えて，根拠をさらに明確にすればよい。また，着眼点をずらした考えが出てきたときは，自分の主張を見直すことで，新たな発想を得ることができるだろう。

3　ディスカッションの実践（その2）
── 「論証」を議論する

● ● (1) 論証を軽視してはいけない ● ●

　本章1(4)で述べたように，主張は根拠から導き出されるものである。したがって，いくら説得力ある根拠を示したとしても，その根拠から論理的に導き出せないような主張では，やはり説得力をもたないことになる。

　そこで，ディスカッションにおいては，根拠に加えて，根拠から論理的に主張が導き出されているか，つまり，「論証」が説得的であるかにも着目する必要がある。法律学でよく用いられる論証のうち，法的三段論法についてはすでに詳しく取り上げたので（第1章3(5)参照），以下では，「類推」を例にして，

論証をどのようにチェックすればよいかを具体的にみていこう。

●●（2）実践例——類推が成り立っているか ●●

● 類推とは ●

　法律学の議論では，類推適用という方法が用いられる。これは，①「事態αについてはルールβが適用される」場合に，②「事態γは，事態αそのものではないが，重要な点において事態αと類似しているといえる」ときには，③「事態γについてもルールβを適用してよい」という法の適用方法である。①②の根拠から③の主張を導き出している点で，これも論証の1つであるといえる（図表3-2。以下では「類推」とよぶ）。

図表3-2

根拠 { ①事態αについてはルールβが適用される
　　　 ②事態γは，事態αそのものではないが，重要な点において事態αと類似しているといえる

↓

主張　③事態γについてもルールβを適用してよい

● 類推のポイント ●

　それでは，民法94条2項を例にして，類推を実践してみよう。次の【論証1】は，類推の方法を使って主張を組み立てているが，果たして成功しているだろうか。また，【やり取り⑤】の学生Gは，【論証1】のどの部分に疑問を感じているだろうか。

【論証1】
　民法94条2項によれば，虚偽の意思表示によって虚偽の外観が作出された場合には，虚偽の意思表示をした者は，その外観を信頼した第三者に対し，虚偽表示の無効を対抗することができないというルールになっています。《事態αについてはルールβが適用される》

さて、私達が直面している事案は、次のとおりです。「Xは甲土地を所有しているところ、Xの配偶者Yが、Xに無断で、甲土地の登記をY名義にした。しばらくしてXはこのことを知ったが、そのまま放置していた。ところが、その後、Yは、XY間の事情を知らないZに甲土地を売却した」。《事態γ》

事案では、Yが勝手に甲土地の登記をY名義にしただけであり、Xが自分で虚偽の意思表示をしたわけではありません。したがって、厳密にいえば、この事案は民法94条2項の場面とは異なります。しかし、虚偽の外観（この事案でいうY名義の登記）が作出されたという重要な点においては、民法94条2項の場面と類似しているといえます。《事態γは、事態αそのものではないが、重要な点において事態αと類似しているといえる》

よって、この事案についても、民法94条2項のルールを適用してよいと考えられます。《事態γについてもルールβを適用してよい》

【やり取り⑤】
学生G：【論証1】は、説得力に欠けると思います。
学生H：そうでしょうか。事案ではY名義の登記という虚偽の外観が作出されているのだから、虚偽の外観の作出という点では、民法94条2項のルールが適用される場面と類似しています。それならば、この事案にも民法94条2項を類推適用してよいと思いますが……。
学生G：類推が認められるには、「重要な点において」事態γが事態αと類似していないといけません。類似しているのが重要な点かどうかがポイントだと思います。
学生H：Gさんの意見だと、Y名義の登記という虚偽の外観が作出された点は、重要な点ではないと考えるわけですね。
学生G：はい。民法94条2項は「虚偽の意思表示」によって虚偽の外観が作出された場面のルールなので、意思表示という点が重要です。つまり、意思表示というのは自分の意思で法律効果を発生させるものですから、虚偽の外観を作ることに「自分の意思で」関与したことが重要だと思います。ところが、事案では、Yの勝手な暴走によって、Y名義の登記という虚偽の外観が作出されたにすぎず、Xの意思はまったく関与していません。そうすると、重要な点、すなわち、虚偽の外観を作ることに自分の意思で関与したかどうかの点で、事案は民法94条2項の場面と類似しているとはいえないと思います。

上述のように、類推が成り立つためには、「事態γは、事態αそのものではないが、重要な点において事態αと類似しているといえる」必要がある。ここ

で注意しなければならないのは，事態γと事態αが単に類似していればよいのではなく，両者が「重要な点において」類似していなければならないことである。重要な点において類似しているのだから，両者は同じように扱ってよい，つまり，事態αに適用されるルールβを事態γにも適用してよいという結論が導かれる。

　そうすると，類似している点が本当に「重要な点において」といえるかどうかが，類推が成立するための大きなポイントとなる。【やり取り⑤】の学生Gは，この部分に突っ込みを入れている。虚偽の外観が作出されたことではなく，虚偽の外観を作ることに「自分の意思で」関与したことが重要であり，この点では事案は民法94条2項の場面と類似していない，というわけである。たしかに，民法94条2項の場面では，虚偽の意思表示をした者が虚偽の外観を作ることに自分の意思で関与しているのに対して，事案では，虚偽の外観（Y名義の登記）を作ることにXの意思が関与していないので，学生Gの言うとおりである。

● さまざまな角度から論証をチェック ●

　もっとも，本章2(3)でも述べたように，着眼点をずらしたり，異なる立場に立ってみるなど，論証をさまざまな角度からチェックすることが重要である。

　たとえば，【やり取り⑤】で学生Gが述べたことは，ファイナルアンサーのように思えるが，そうではない。【やり取り⑤】に続いて，次の【やり取り⑥】が行われたとしよう。

【やり取り⑥】
学生H：「重要な点において」類似していなければならないこと，また，虚偽の外観を作ることに「自分の意思で」関与したことが重要だということは，よくわかりましたし，私も納得します。ただそれでも，Gさんの意見には別の点で疑問が残ります。
学生G：どういう疑問ですか。
学生H：事案のXは，たしかに虚偽の意思表示をしていませんが，Yが勝手に甲土地の登記をY名義にしたことを知ったにもかかわらず，そのまま放置しています。すぐにX名義に戻せばよいのにそのまま放置したことは，Y名義の登記

> を承認したといえるのではないでしょうか。この点で，Y名義の登記という虚偽の外観を作ることにXの意思が関与しているとみることができます。そうであれば，虚偽の外観を作ることに「自分の意思で」関与したという重要な点において，事案は民法94条2項の場面に類似しているといえそうです。
> 学生I：なるほど。ですが，別の見方もできます。Y名義の登記を放置しただけでは，虚偽の外観を作ることに「自分の意思で」関与したとはいえないと思います。なぜなら，Y名義の登記という虚偽の外観を作ったのはあくまでもYであって，Xの意思が関与して作られたわけではないからです。Xは，Yが勝手に作ったY名義の登記を傍観していたにすぎず，Xの意思が関与したというのは言い過ぎでしょう。
> 学生J：いや，その意見は妥当でないと思います。むしろ，Hさんの意見に賛成です。なぜなら……（さらに議論が続く）

　【やり取り⑥】の学生Hは，【やり取り⑤】の学生Gの主張を受け入れたうえで，甲土地の登記がY名義になっていることをXが知っていたのにそのまま放置していたことに着目している。すなわち，学生Gの主張を採用したとしても，Xの放置がY名義の登記の承認とみられることから，Y名義の登記という虚偽の外観を作ることにXの意思が関与していたと主張している。

　もっとも，学生Hの主張も，完全な説得力を備えているわけではない。【やり取り⑥】の学生Iは，学生Hの主張に対して突っ込みを入れて，Y名義の登記という虚偽の外観を作ったのはあくまでもYであって，Xの意思が関与していてもそれは弱いことを指摘している。

　このようにみると，学生G・学生Hいずれの主張も，それなりの説得力をもちつつ，依然として問題点や疑問点が残っていることがわかるだろう。そこで，類推が成り立っているか——重要な点において事案と民法94条2項の場面とが類似しているか——について，さらに議論が展開されていくことになる。

● 論証チェックの重要性 ●

　以上のように，「類推」の論証だけを取り上げても，論証が成り立っているかどうかをめぐって，いろいろな考えが対立することを感じ取ってもらえただろうか。ディスカッションのときには，根拠だけでなく，根拠から主張を導き出すプロセス（論証）にも目を光らせるようにしたい。そして，論証が成り立

っていないと感じられたら，その問題点や疑問点を積極的にぶつけるようにしよう。

4 ディスカッションを成功させるための工夫

せっかくディスカッションをするからには，ディスカッションを成功させ，参加者がそこから多くのことを学べたほうがよい。そのためのポイントをこれまで述べてきたが，以下では，もう少し実践的な工夫を指摘しておく。

●● (1) いろいろな立場から考える ●●

● 立場の対立 ●

法律学の議論では，ほとんどの場合に，立場の対立する者が登場する。たとえば，物を売買した場合の売主と買主，金の貸し借りをした場合の貸主と借主，不法行為に基づく損害賠償請求が問題となる場合の加害者と被害者，などである。

このように立場が対立する者の間では，それぞれの有する利益や地位も大きく異なっている。たとえば，民法709条は「故意又は過失によって他人の権利又は法律上保護される利益を侵害した者は，これによって生じた損害を賠償する責任を負う」と規定している。このルールによると，不法行為の被害者は，民法709条に基づき，不法行為によって自分に生じた損害を加害者に賠償してもらうことについて利益を有しているのに対し，不法行為の加害者は，自分の故意過失とは無関係に生じた損害の賠償責任を免れることについて利益を有している。その結果，不法行為の場面では，加害者に故意過失があるかをめぐって，被害者の主張と加害者の主張とが激しく対立する。

● 異なる立場から根拠と論証を吟味する ●

法律学の議論ではさまざまな立場の者が存在すること，そして，その利益や地位が互いに鋭く対立することをふまえると，ディスカッションのときにも，

さまざまな立場に立って，それぞれの立場の根拠に説得力があるか，論証に説得力があるかを検討するのが有益である。

先ほどの不法行為の例でいえば，仮に報告者が不法行為の被害者の立場から自分の主張を述べたのであれば，それを聴いた皆さんは，不法行為の加害者の立場に立って，報告者の主張の根拠に説得力があるか，その論証に説得力があるかをチェックするとよいだろう。被害者の立場からは，どうしても損害賠償を認めて被害者を救済することを考えてしまうが，被害者を救済すれば，その分だけ加害者が損害賠償の負担を強いられることになり，今度は加害者の利益が害されてしまうおそれがある。被害者の目線だけで考えていると，このことには気づかないかもしれない。そこで，加害者の立場に立つことで，不法行為に基づく損害賠償を議論する際にも，加害者の利益に配慮する必要があることがみえてくるだろう。

また，ディスカッションにおいて自分の主張を述べるときも，自分の主張と異なる立場に立つとどうなるかを考えてみるとよいだろう。自分の主張の根拠や論証に対してどのような反論が出てくるかを想定することができ，その反論に対してどう対応すればよいかをあらかじめ検討しておくことができる。

● さまざまな立場から考えることの効用 ●

さまざまな立場から考えることは，法律家として働く場合だけでなく，企業や官公庁等で働く場合にも大いに役立つ。

法律の問題に限らず，企業や官公庁等の中で生じる問題，さらに社会で起こる問題は，複数の立場の利害関係が複雑に絡み合っているのが通常である。そのような問題に対して，1つの立場だけから対応の方法を考えると，主張の根拠が偏ってしまったり，無理な論証を用いて結論をこじつけたりしがちである。

そこで，ディスカッションをしてさまざまな立場から検討することにより，根拠の偏りや論証の不備を発見し，自己の主張の弱点を客観視することが重要である。そうすることで，根拠や論証を改良し，より説得力のある主張を展開することができるだろう。

●● (2) 事前の準備・予習が必要不可欠 ●●

ディスカッションでは，問題点を明らかにし，主張の根拠と論証に着目して，その不十分な点を議論する……とはいっても，ディスカッションの現場で，いきなり根拠と論証を分析して議論するのは難しい。その結果，質問や意見が出ずに，ディスカッションが盛り上がらない光景もよくみられる。

これを防ぐためには，ディスカッションの参加者が事前に準備しておくことが必要不可欠である。具体的には，事前に配られたレジュメに参加者があらかじめ目を通し，あるいは，ディスカッションのテーマについて参加者が資料などを読んでおく。そうすれば，問題点がどこにあるか，それに対してどのような主張と根拠が示されているかがわかり，主張の根拠や論証に不十分な点はないか，また，自分が意見を述べるとしたらどのような根拠や論証を用いるかを，ディスカッションの前にあらかじめ検討しておくことができる。

以上のことは，ゼミで報告者が報告し，その後，その報告についてゼミ生全員で討論する場面にも当てはまる。報告者は多くの資料を調べて報告をするから，そのテーマに関しては，ゼミ生のなかで一番勉強している。そのような報告者に対して質問したり意見を述べたりするには，他のゼミ生もそれなりに予習しておく必要がある。事前に配布されたレジュメ，報告テーマに関する教科書の記述や判決文などをよく読んでおこう。

●● (3) 司会者の役割 ●●

ディスカッションでは，司会者が置かれることもある。司会者の役割として，主に次のことが挙げられる（なお，司会者が置かれていない場合も，ディスカッションの参加者の誰かが司会者的な役割を果たすと，ディスカッションがうまく進むことが多い。読者の皆さんも試してみるとよいだろう）。

● 議論の交通整理 ●

第1に，最も重要なのは，議論の交通整理をすることである。

ディスカッションでは，ある問題について複数の意見が出てくるのが通常である。ところが，それらが錯綜して，質問がどの意見に対して向けられたものなのか，どの意見に対して賛成や反対が述べられているのか，どの意見とどの意見を比較しようとしているのかがわからなくなり，議論が混乱することも多い。また，事項 p について議論しているところで，事項 p とは離れた事項 q が指摘された結果，本来なら切り離して議論するべきなのに，事項 p と事項 q が混ざってしまい，議論がかみ合わなくなることもある。これでは，参加者を困惑させるばかりでなく，議論の焦点や方向性が定まらないため，ディスカッションから成果を得ることもできないだろう。

そこで，司会者には，議論の中で出てきた主張の対立点を明確にしたり，それぞれの主張の根拠を整理するなど，議論の交通整理をする役割が求められる。たとえば，事項 p と事項 q が混ざって議論がかみ合わないときには，司会者は，「事項 q も重要ですが，事項 p とは性質が異なる問題なので，両者を分けて，まずは事項 p を議論し，その後に事項 q を取り上げましょう」などと述べて，議論の進め方を決めるべきである。また，複数の意見が錯綜しているときは，「まずは，賛成が多い意見 r について議論しましょう」とか，「これまでの意見を分類すると意見 r と意見 s に分かれると思うので，両者を比較したいと思います」など，議論の混乱を整理するとよいだろう。

● **すべての参加者が発言できるように** ●

第 2 に，司会者は，参加者が積極的に発言できるように配慮する必要がある。

ディスカッションでは，活発に質問や意見を述べる人がいる反面，なかなか発言できない人も出てくる。そのような人に対しては，司会者から，「この点について○○さんはどう考えますか？」などと述べて，質問や意見を述べるように促すとよいだろう。

また，ある参加者が発言をしたが，その発言内容が不明確な場合もある。発言内容が不明確なままでは，他の参加者もその発言に対して質問しづらくなる。そこで，司会者は，「先ほどの△△さんの発言は□□という意味ですか？」とか，「申し訳ありませんが，△△さんは先ほどの発言の趣旨をもう少し明確にしてください」などと述べて，発言内容を確認したり明確にするよう促すこと

で，他の参加者も発言しやすくなる。

● ディスカッションの秩序のコントロール ●

　第3に，第1や第2の点とも関係するが，司会者は，ディスカッションの秩序をコントロールしなければならない。

　ときにみられるのが，参加者の1人が長々と話し続けたり，参加者の間で感情的な意見の応酬や個人攻撃に走るような事態である。司会者は，このような事態が起きないよう，該当者に対しては適宜に注意を与えなければならない。もちろん，司会者自身も，議論の交通整理などの役割を忘れて，自分の意見を長々と話し続けたり，他の参加者に対して高圧的な態度で接したりすることは避けるべきである。

　以上の3つの役割をみても，司会者の任務はかなり重要である。したがって，他の参加者以上に準備や予習をすることが求められる。大変ではあるが，その分だけ得られるものも大きい。ディスカッションのときは，司会者を積極的に務めることを勧めたい。

●● (4) ディスカッションを盛り上げる極意 ●●

● 参加者全員で盛り上げる ●

　ディスカッションが成功するかは，実は，参加者の感情によるところも大きい。参加者が，「間違ったことを発言すると恥ずかしい」「発言しても誰も反応してくれないと悲しい」「こんな意見を述べると報告者に嫌われるかもしれない」などと考え，発言する勇気をもてないでいると，質問や意見は出てこない。このような感情が解消されないかぎりは，これまでに述べた工夫をしたところで，ディスカッションはやはり盛り上がらないだろう。

　この問題は人間の感情に関わるだけに，簡単に解決できるものではない。結局は，ディスカッションの参加者が協力して克服するしかない。たとえば，事前に準備・予習をしておけば，間違った発言をするリスクは減るだろうし，報告者にあらかじめ意見を述べると予告しておけば，報告者に嫌われることもないだろう。また，司会者がディスカッションの場を和やかな雰囲気にもってい

けば，参加者は気楽に発言できるだろう。このような地道な工夫を少しずつ積み重ねて，参加者全員でディスカッションを盛り上げていこう。

● 発言する勇気を ●

さらに，次のように発想の転換を図って，発言する勇気をもってはどうだろうか。

ゼミ等で間違った発言をしたからといって，人生が終わるわけではない。間違いは誰にでもあるのだから，間違ったら訂正すればすむ。それどころか，今回の失敗から多くのことを学ぶことができるはずである。

また，鋭い発言やよい質問をしようなどと，過度に意気込む必要もない。自分の発言がきっかけとなって議論が盛り上がればラッキー……ぐらいの気持ちで一度発言してみよう。

他人に対して質問や反対意見を述べると，人間関係にヒビが入ってしまうと心配する人もいるかもしれない。しかし，仮に丁寧な言葉で礼儀正しく質問や反対意見を述べたのに，その程度で気まずい仲になってしまうなら，結局はその程度の人間関係にすぎなかったと思ってあきらめたほうがよい。議論を戦わすことのできる人は必ず周囲にいるはずであり，そういう人こそが一生涯付き合える友人となるだろう。

● 再びディスカッションの勧め ●

ディスカッションの参加者がお互いに，根拠を挙げて論証を駆使しながら主張をぶつけ合うことで，先入観や固定観念を取り払い，「自分の頭」で「自由」に考えてみる。これが，ディスカッションの醍醐味であると同時に，ディスカッションを通じて修得できる能力でもある。読者の皆さんも，ぜひ積極的にディスカッションに取り組んでもらいたい。

> **Point**
> ・ディスカッションでは，対立する主張のいずれに説得力があるかを，議論によって決めていく。
> ・問題点を明確にし，他人の主張を理解することが，ディスカッションの出発点。
> ・ディスカッションでは，根拠が法律学の世界で通用するか，また，根拠から主張を導き出すプロセス（論証）が成り立っているかを重点的にチェックする。
> ・1つの立場だけでなく，いろいろな立場に立って考えてみよう。
> ・ディスカッションを盛り上げるために，参加者は事前に準備し，発言する勇気をもつ。司会者の役割も重要。

日直　秋山

第4章 法律ディベート

1 法律ディベートとは

● ディベートの効用 ●

ディベートとは，1つのテーマに関して，肯定側と否定側（判例を素材にしたケースディベートの場合は原告側と被告側）に分かれて議論をし，その優劣をジャッジが判断するものである。

その際，ディベーターは，自分がそのテーマに対して賛成であろうが反対であろうが，自分の意見とは一切関係なく，あらかじめ決められた立場に立ってディベートをしなければならない。そのような意味で，ディベートは一種のゲームでもあるが，実際にやってみると，（本来の自分の意見とは違うにもかかわらず）意外に熱くなるし，自分の意見からいったん離れることで，自分の意見を客観的に眺めることもできる。

また，ディベートでは，とくに，説得的なプレゼンテーションの能力や，相手の発言をすばやく的確に把握し，応答する能力なども養われる。そのため，最近では，就職活動でのグループディスカッション対策として，ゼミでのディベートの実施が勧められることもある。ここまで説明してきた報告・討論型のゼミでは，とくに年度初めの時期には，まだお互い慣れておらず，発言をしにくいものであるので，ディベートを取り入れて，メンバーの前で発言することに慣れるというのもよいのではないだろうか。

ディベートは社会科学系のテーマでしばしば行われており，望月和彦『ディベートのすすめ』（有斐閣，2003年），西南法学基礎教育研究会『法学部ゼミガイドブック──ディベートで鍛える論理的思考力』（法律文化社，2012年）など

の書籍も出版されている。以下では，民法判例を素材にしたディベートについて，実際の経験をふまえて，その効用や注意点，実施にあたっての工夫などについて紹介する。

● テーマディベートとケースディベート ●

　法律ディベートの形式としては，大きくテーマディベートとケースディベートの2つが考えられる。テーマディベートとは，ある論点について，現状改革側と現状維持側に分かれてディベートを行うものである。取り上げやすいテーマとしては，選択的夫婦別姓は導入すべきかといったテーマや，消滅時効・取得時効制度は廃止すべきかといったテーマが考えられる。

　これに対して，ケースディベートとは，実際の裁判例を素材に，原告側と被告側に分かれてディベートを行うものである。民事事件の場合は，たとえば過失相殺のように，はっきりと勝ち負けのつけにくい事案も多く，ディベートの素材とするのが難しいものもあるが，他方で，大人数の講義では十分に解説できない実際の事案の細部に触れることができ，その事案をもとに学生自身の発案で多様な議論を展開することができるという効用もある。以下では，ケースディベートを素材に，説明を進めていこう。

● ケースディベートの進め方 ●

　次の表は，ゼミでケースディベートを行う場合の流れの一例である。

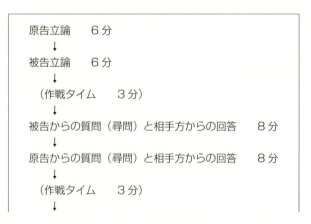

```
原告結論    6分
  ↓
被告結論    6分
  ↓
ジャッジによる採点票の記入    5分ほど
  ↓
ジャッジおよび講評
    ＊ジャッジは，ディベーター以外の参加学生が行う
```

実際の進め方には，このほかにもいろいろなバリエーションがある。たとえば，時間配分を変更する，質疑応答を2回に分ける，あるいは模擬裁判形式にして準備書面を交換するといったもののほか，ディベートをしやすくするために，ある事実を追加する，またはなかったことにするといった工夫も考えられるだろう。

また，当日まで双方の手の内を一切明かさないという形式にした場合は，問題になりうる論点をすべて調べなければならないため，非常に勉強になる反面，とくに原告側の主張を崩さなければならない被告側の準備の負担が大きくなり，場合によってはディベートそのものがうまくいかないこともある。そうした問題を防ぐためには，相互の立論を事前に交換する，取り上げる論点について事前に情報交換するなどの工夫も考えられる。

以下では，次のような事案についてケースディベートを行うことになったと仮定して，準備段階も含めて，ディベートの全体の流れをもう少し詳しくみていこう。

【事案】 原告Xは，その所有する本件不動産の賃貸に係る事務手続等をAに任せていたが，Aにいわれるままに本件不動産の登記済証をAに預けた。また，Xは，所有する別の土地に関する登記手続もAに依頼しており，Aからそのために必要であると言われ，印鑑登録証明書4通をAに渡した。Aは，これら登記済証，印鑑登録証明書およびXの実印を押捺した登記申請書を利用して，本件不動産についてXからAに対する所有権移転登記をした。このときXは，Aに所有権を移転する意思がないにもかかわらず，AがXからAへの所有権移転登記の登記申請書にXの実印を押印するのを漫然と見ていた。また，この所有権移転登記に関して作成されたXA間の売買契約書も，Xが，その内容および使途を確認することなく，本件不動産を売却する意思がないのにAから言われるままに署名押印して作成し

たものであった。その後，Aは本件不動産を被告Yに売却してその旨の所有権移転登記（本件登記）をした。このときYは，不動産登記等からAが本件不動産の所有者であると信じており，かつ，そのように信じることについて過失がなかった。

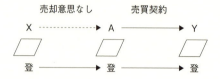

＊取り上げた判例は，最一小判平成18年2月23日民集60巻2号546頁である。紙幅の関係で事案を要約しているので，実際にディベートで取り上げる際には，第1審判決や控訴審判決を読んで，認定事実を確認してほしい。

情報収集から立論の作成まで

● 事案を把握する ●

ディベートの準備としてまず行わなければならないのは情報収集である。ディベートで取り上げる事案に関して，認定された事実や当事者の主張，これまでの論争の経緯などを調べ，どのような論点があるのかを調査する必要がある。

実際の裁判例を素材にしたケースディベートの場合には，裁判所が認定した事実が基礎とされる。したがって，最高裁判所の判決を読むだけでなく，オンラインデータベースなどを用いて地方裁判所の判決や高等裁判所の判決を調べ，より詳細な事実関係を把握しなければならない（最高裁判所の判決だけを読んだときとはまったく印象が変わる事実が認定されていることもしばしばある）。ここでは，当該ケースで認定された事実は何か，当事者が主張した請求は何か，相手方はどのような反論をしたのか，その請求について裁判所はどのように判断したのか，当事者はそれに対して控訴や上告をしたのか，したとしてどのような理由を付したのかといったことを把握する必要がある。当事者の行った請求や要件ごとに整理するとわかりやすいだろう。

● 論点について調べる ●

　ケースディベートであっても，取り上げられる判例には，何がしかの論点が含まれるのが通常である。そこで，まず判例評釈を読み込み，どのような論点があるか，ディベート対象判例はこれまでの議論のなかにどう位置づけられるかを検討する必要がある。判例評釈の検索に関しては，オンラインデータベースを用いた検索が非常に便利である。また，ケースディベートではすでに事実が確定しているため，ディベート中は，各論点に関する攻防が中心となる。そこで，判例評釈を読み込んだ後，各論点そのものについても，さらに深く情報を収集する必要がある。この点については，教科書・体系書の該当部分を参照するほか，判例評釈で引用されている文献をたどったり，オンラインデータベースを用いて，関連する雑誌論文や書籍を調査する必要がある。以上については，第2章で学んだ事柄や第2編で学ぶリサーチ手法が役に立つだろう。

　情報収集に続いて，立論を考えることになるが，事案の把握や論点に関する情報収集を念入りに行うことによって，立論の方針はかなり明確になってくるはずである。すなわち，原告側であれば，どのような請求を立てるか，被告側であれば，どのような防御（反論）を行うか，それら請求や防御を主張するための要件は何か，裁判所が認定した具体的な事実のもとでその要件が満たされるか，こういった情報を整理しながら準備を進めるといいだろう。

　┈● *Column* 予習用レジュメの活用 ●┈

　ゼミでディベートを行う場合には，ディベーター以外の参加者があまり予習をしてこないという問題が起こりうる。そのような場合の工夫として，ジャッジの予習教材とするために，主要な判例と学説をまとめたレジュメを，ディベーターから参加者に事前に配布してもらうことが考えられる。

　適切なジャッジをするためには，当該事案の概要と問題となる論点についての知識が必要不可欠であるが，自分がディベーターでないときに各学説を調べて比較検討するというのは，法曹志望者でもないかぎり，正直なかなか難しいところだろう。そこで，事前レジュメを予習教材とすることで，より適切なジャッジが行われることが期待できる。ディベーターとしても，最低限事前レジュメに書かれていることは参加者が理解していることを前提とできるため，立論が書きやすくなるだろう。さらに，この事前レジュメを用いて事前ゼミを行うと，より効果的な学習になると

思われる。

● 立論を書く前に事案を再度確認する ●

「当事者に争いがない事実」および「高等裁判所判決までに認定された事実」を基礎とするケースディベートでは，単に一方当事者が主張しているにすぎない事実や，地方裁判所が認定したが高等裁判所が否定した事実を援用することはできない。判決を読み慣れないと，一方当事者が主張しているにすぎない事実を，認定された事実と読み間違えてしまうことがあるので，十分に注意しなければならない（判決文の構成については，第**2**章１(1)を参照）。認定事実を間違ったために当日のディベートが混乱するということも実際にありうるため，立論を組み立てるにあたって，事実を再度確認しておきたい。

● 立論を組み立てる ●

情報収集と事案の再確認が終わると，いよいよ立論を作成することになる。ここからの説明は，主に原告側が立論を組み立てる場面について行っているが，その多くは，被告側にも共通するものである。

原告側は，実際のケースにおいて原告が主張した請求，主張したが地裁または高裁で退けられ控訴や上告されなかった請求，主張可能だが主張されなかった請求，いずれも主張することができる。原告側の立論の際には，まずどのような法律構成に基づいて何を請求するのかを示したうえで，その要件を検討する（たとえば，まず不法行為に基づく損害賠償請求を行う旨を明らかにし，続いてその要件を検討するなど）。要件について解釈論上の争いがある場合には，自説およびその理由を示すことになる。立論の組み立てとしては，まず適用する条文や原則を示したうえで，解釈論上の争いがあれば自説および理由づけを示し，当該ケースへのあてはめを行い，結論を述べるという，法的三段論法の形式で行うとわかりやすいだろう。

立論ではチームの統一見解が示されるので，立論作成段階でメンバーが十分に意見交換しておかないと，ディベートの最中に意見が合わなくなったり，質疑応答で矛盾した発言をしてしまい，そこを批判されることもあるので注意し

なければならない。

　立論作成段階では，できるだけ多くの論点を考えて，それぞれについて自分たちの見解や理由づけを考えるべきである。そのうえで，考えた論点や理由づけを，立論で述べたほうがよいもの，立論で述べると論旨がみえにくくなるもの，質問に対する反論として述べたほうがよいものなどに分類しながら，立論を組み立てていく。この作業によって立論に収まりきらなかった論点や理由づけは，相手への質問あるいは質問に対する反論のかたちで述べるとよいだろう。

● 説得的な理由づけ ●

　繰り返し述べているように，法律学において重要なのは説得的な理由づけである。したがって，立論で行われる主張には，必ず理由づけがなければならない。

　一般的に，ディベートで用いられる理由づけとしては，具体例や典型例，統計資料の摘示などがあるが，法律ディベート特有の理由づけとしては，論理的一貫性（内部に矛盾がないこと），言語的自然さ（条文の文言の日本語的理解として自然なこと），射程の適切性（その判断を他の事案に用いても適切な解決が得られること），整合性（他の条文や今までの判決と整合的であること）などがある。自分たちの理由づけを検討する際にも，第**1**章３や第**2**章２，第**3**章で解説した，(a)根拠の部分と(b)根拠から主張を導き出す部分（論証）に着目してそれぞれの説得力を分析する方法が有用だろう。

　この「論証」部分に関わることだが，法律学においては，とくに論理的一貫性が重要である。たとえば，「民法○条やすでに判例で認められている規範を論理的に一貫させて説明しようとすれば，それらの背後には○○の法理が存在すると考えられます。そこからすると……」などの理由づけである。論理によって相手方を説得することは，相手方の納得を得ると同時に，複数の事例間での公平性を担保する基礎ともなっているのである。

　また，ケースディベートにおいては，実際の裁判例がテーマとなっているため，判決によって一定の結論が示されている。しかし，そのことがジャッジにあたって斟酌されると，公平なゲームは成り立たない。そこで，ディベーターが当該判決の存在を論拠として援用することはできないとするとともに，ジャ

ッジも，当該判決の結論を考慮に入れてはならない。ディベートにおいては，たとえ最高裁判決であっても，それを批判し，反対の結論をとってもまったく問題ないのである。ただし，著名な論点の場合は，同一の論点に関する裁判例が複数存在するので，それらとの整合性を論拠として挙げることは許される（もちろん，今までの判決も改められるべきだという主張をしてもよい）。

Column 先回り的に反論する必要はあるか

原告被告間で事前に立論の交換や，取り上げる論点についての情報交換をしないかたちでディベートを行う場合，被告側からどのような反論がくるかは当日までわからない（被告側は，争うことのできる論点の必ずしもすべてについて争わなくてもよい）。したがって，原告立論の段階で，予測される被告からの反論を先回りしてあらかじめ再反論する必要は原則としてない。

ただ，ディベートでは，質問（尋問）・回答の時間や回数に制限があるため，再反論をしなければあまりにも立論が短くなる場合や，ある論点が争点となることが明らかである場合もあるので，そうした場合には，原告立論に，先回り的に再反論を組み込んだほうがよいだろう。後述の原告側立論もそのようなかたちになっている。

● **立論の文章化** ●

立論の全体像が定まったら，立論を文章化することになる。一般にディベートでは，立論の原稿やレジュメは配布されないため，聞いている相手チームおよびジャッジにわかりやすいように，立論を文章化する必要がある。ただしこの点は，テーマや参加者のレベルなどによってさまざまなバリエーションが考えられる。原稿やレジュメを配布する形式のほか，将来社会に出た後のことを考えて，パワーポイントで各項目の表題や要点を示して立論をするというのも，面白いだろう。

聞き手にとってわかりやすい文章にする工夫としては，複数のことを述べるときには箇条書き形式にするとか，冒頭に結論を述べ，論拠を順番に示す，文章を短く区切るといったものがある。大多数の論点では，理由づけとして複数のものを挙げることになるので，「理由は以下の3つです。第1に……。第2に……。第3に……。」とするなど，聞き手にとってわかりやすい表現を工夫

する必要がある。

　また，同一のケースについて調査してきている相手チームに理解できても，ジャッジに理解してもらえなければ意味がない。嚙み砕いて基本的なことから説明する必要が生じることもしばしばだろう。相手にとって受け止めやすいボールを投げることも，社会人になってから必須となるスキルの1つといってよい。

● リハーサル ●
　最後に，文章化した立論が規定時間内に収まるかどうかも確かめなければならない。せっかくのわかりやすい立論も，早口で聞き取りにくくては，ジャッジにアピールできない。聞き取りやすい速さと声量で，規定時間ちょうどで終われるように，チーム内で事前に練習をしておくとよいだろう。残り30秒以内で終わるくらいをめざしたい（ディベートにおいては，大幅に時間が余った場合には，そのことをマイナスに評価するのが一般的である）。

　以上に述べたことを基に作った原告側立論例が下記である。ディベートの雰囲気をつかむためにも，一読してほしい。

【原告側立論】
　(1)　私たち原告側は，本件不動産に対する所有権に基づき，妨害排除請求として，被告に対し，本件登記の抹消登記手続きを請求します。
　所有権に基づく妨害排除請求権が認められるための要件は，①原告が本件不動産を所有していること，②本件不動産について被告名義の所有権移転登記が存在すること，③被告名義の所有権移転登記について，それを正当化する理由が存在しないことの3点です。
　このうち，本件では，被告名義の所有権移転登記が存在することに争いはなく，それを正当化する理由も存在しないため，原告が本件不動産を所有しているかどうかが問題になりますが，私たちは，本件不動産の所有権は原告に存在すると主張します。以下，その理由を述べます。
　(2)　まず，本件不動産は，元は原告の所有です。被告は，この不動産が，原告からA，Aから被告へと転売されたので，現在の所有者は被告であると主張するものと思われます。しかし，Aは，原告から本件不動産の賃貸に係る事務等を任されていただけであり，原告に無断で，原告から預かっていた登記済証，原告の実印お

よび印鑑登録証明書を用いて，原告からAに対する所有権移転登記をしたにすぎません。つまり，Aは無権利者であり，Aから譲り受けた被告も無権利者なのです。

　(3) 次に被告は，仮に被告が無権利者からの譲受人であるとしても，民法94条2項の類推適用，または，民法94条2項，110条の類推適用により，被告が本件不動産の所有権を取得すると主張するものと思われます。しかし，私たちは，このような主張は認められないと考えます。

　まず，94条2項類推適用についてです。94条は通謀虚偽表示に関する規定ですが，94条2項の背後には，権利を失う者に帰責性がある場合には，外観を信頼した人を保護するために，外観どおりの効果が認められるという，権利外観法理の考え方があるとされ，通謀や意思表示が存在しない場合にも，類推適用が認められています。その要件としては，①虚偽の外観の存在，②虚偽の外観の発生に対する本人（権利を失う人）の帰責性，③虚偽の外観に対する第三者（権利を手に入れる人）の正当な信頼という3つの要件が一般に挙げられています。

　本件では，A名義の所有権移転登記が存在するため，虚偽の外観の存在という要件については問題ありません。しかし，本人の帰責性の要件は満たされないものと考えます。たしかに94条2項の背後には権利外観法理が存在しますが，権利外観法理そのものを定めた条文はありません。類推適用されるのはあくまで94条2項であり，そこでは本人の帰責性として通謀が必要とされているのです。したがって，94条2項類推適用においても，通謀に比肩しうるほどの重い帰責性が必要なのです。これまでの判例が，本人による虚偽の外観の積極的な作出や維持，虚偽の外観の明示または黙示の承認を必要としているのはそのためです。

　本件で，たしかに原告には，本件不動産の賃貸に係る事務に必要とは思われない登記済証をAに預けたり，印鑑登録証明書をAに言われるままに渡したり，原告とAの間の売買契約書に署名押印したり，Aが原告の実印を用いて原告とAの間での所有権移転登記申請書に押印するのを漫然と見ていたなどの大きな落ち度があります。これを重過失ということはできるかもしれません。しかしこれらの行為は，決して故意に虚偽の外観を作出しようとしたものでもなければ，虚偽の外観を承認したものでもないのです。94条2項は意図的な外観作出への関わりを本人の帰責性として要求しているのであり，類推適用において，この点を緩和するのは，解釈の枠を超えると考えます。

　これに対して……（略）

● 被告側の注意点 ●
以上に説明したことの多くは被告側の立論を作成する際にも当てはまるが，

ここで，被告側の注意点を挙げておこう。

被告側は，原告側の主張を受けて，原告が主張している請求は認められないと反論する受け身の立場である。したがって，被告は，原告の主張に対する反論として主張可能なものを，立論中で述べることになる。たとえば，ある条文の要件について解釈論上の争いがある場合に原告と別の見解をとる，あるいは，取消しや無効，消滅時効などなんらかの抗弁を主張するという反論である。

これに対して，原告が損害賠償しか求めていないのに，実際のケースで差止めが求められていたからといって差止めに関する反論をするなど，原告側が行っていない法律構成に関する論点を取り上げても無意味である。逆に，実際のケースで差止めが求められていなかったからといって，原告が差止めを求めてきたのに，これについて何も反論しないでいると，負けてしまうことになる。

したがって，原告被告間での立論の事前の交換または論点についての情報交換を行わない形式でディベートを行う場合は，被告側は，事案を分析して，原告が主張してくる可能性のある請求ないし法律構成すべてを考慮に入れて，立論を準備したうえで，当日，原告立論を注意深く聞いて，自分たちの主張の取捨選択を行わなければならない。被告側にとっては非常に勉強になるものの，かなりの負担にもなる。慣れるまでは，原告被告間で立論を事前に交換したり，論点についての情報交換をしておくとよいだろう。

また，被告側立論においては，原告側の主張のどの点を認め，どの点を争うのか，その理由は何かを明確に示す必要がある。なお，被告側は独自の主張をするのではなく，受け身の立場で，原告が主張してきた請求を崩す側であって，これができていると判断されれば，勝ちとなる。

以上に説明したことを基に作った被告側立論例が下記である。こちらも一読してもらいたい。

【被告側立論】
(1) 私たち被告側は，原告による，所有権に基づく妨害排除請求としての本件登記の抹消登記請求は認められないと考えます。以下その理由を述べます。

所有権に基づく妨害排除請求が認められるための要件は原告が述べているとおりであり，本件では，原告が本件不動産に対する所有権を有しているかが問題となります。これについて，私たちは，民法94条2項類推適用，または，民法94条

2項，110条の類推適用により，本件不動産の所有権は被告にあると考えます。

(2) まず94条2項の直接適用については，原告とAの間には通謀も売買契約もないため，できません。しかし，94条2項の背後には，権利を失う者に帰責性がある場合には，外観を信頼した人を保護するために，外観どおりの効果を認められるという，権利外観法理の考え方があります。このことからすると，①虚偽の外観の存在，②虚偽の外観の発生に対する本人の帰責性，③虚偽の外観に対する第三者の正当な信頼という3つの要件がそろえば，94条2項を類推適用し，第三者を保護すべきだといえます。

これらのうち，虚偽の外観の存在については，本件では，A名義の所有権移転登記が存在するため満たされています。

次に，本人の帰責性について，94条において要求されている本人の帰責性は通謀という極めて重い帰責性であるため，94条2項類推適用に関するこれまでの判例は，本人による虚偽の外観の積極的な作出や維持，虚偽の外観の明示または黙示の承認を必要としています。

本件では，たしかに原告は，意図的に虚偽の外観を作出したわけではありません。しかし，原告は，本件不動産の賃貸に係る事務に必要であるとは考えられない登記済証をAに預けて放置したり，印鑑登録証明書をAに交付したり，本件不動産を売却する意思もないのにAから言われるままに売買契約書に署名押印するなど，本件不動産がAによってほしいままに処分されかねない状況を生じさせていたにもかかわらず，これを顧みることなく，さらに，原告からAへの所有権移転登記に際しても，Aから言われるままに実印を渡し，Aが原告の目の前でこの実印を所有権移転登記申請書に押捺したのに，その内容を確認したり使途を問いただしたりすることもなく漫然とこれを見ていたのです。

このような原告のあまりにも不注意な態度がもつ帰責性は，虚偽の外観を積極的に作出した場合と同程度に重いと評価すべきです。以上から私たちは，本人の帰責性という要件も満たされると考えます。

続いて，第三者の正当な信頼という要件ですが……（略）

3 質疑応答と結論，ジャッジ

● 質疑応答の意義 ●

立論が各チームによる一方的な主張であったのに対して，質疑応答では，両

チームによる議論の応酬が行われる。ここでの丁々発止のやりとりこそがディベートの醍醐味であり，そのやりとりを通じて，一方の見解の優位性が明らかになり，あるいは他方の見解の問題点が明らかになっていく過程は，ジャッジの心証を非常に大きく左右する。

　したがって，ディベートにおいては，自分たちの立論を考えるだけで終わらせるのではなく，相手チームが主張してくるであろう見解や論拠を予測した上で，それに対してどのような質問・批判が可能か，どのような回答が返ってくるか，さらにどのような再質問・再批判が可能かといったやりとりをあらかじめ考え，準備しておく必要がある。

　なお，ディベートの実施にあたって，質疑応答のしかたにはいくつかの形式がありうる。本書では，質問側と回答側を決めて，一定の時間中に自由に質問と回答を応酬して討論してもらう形式を紹介しているが，このほかに，原告側と被告側それぞれに個別に時間をとって，被告側第1反駁（はんばく）→原告側第1反駁→被告側第2反駁→原告側第2反駁というかたちで，自由な討論の応酬なしに進めていく形式も考えられる。

● **質問のポイント** ●

　一般のディベートにも共通する質問のしかたとしては，まれなケースの一般化や根拠の乏しい主張をただすといったものがあるが，法律ディベートでは，論理一貫性を問う質問や，他の条文や今までの判決との整合性をただすといった質問，射程の適切性，つまり，その判断を他の事案に用いても適切な解決が得られるかどうかを問題とする質問が有効である。たとえば，「民法94条2項類推適用に民法110条の法意を付け加えることによって，本人の帰責性が小さい場合にも第三者が権利を取得する可能性を認めると，本来は通謀という重い帰責性を本人に要求していた94条2項との乖離が大きくなりすぎるのではないでしょうか」（論理一貫性に関する質問），あるいは，「ここで○○という見解をとるとすれば，××の場合に不合理な結論が導かれてしまうことになりますが，それについてはどう考えますか」（射程の適切性に関する質問）といった質問である。

　自分たちの立論に対しても，相手側は同じように質問をしてくる。したがっ

て，自分たちの立論を客観的にみて，相手の質問を予測し，反論をあらかじめ準備しておくことが重要である。準備段階で，想定問答集を作っておくとよいだろう。なお，第3章の記述はディベートに関しても参考になる部分が多いので，併せて参照してほしい。

● わかりやすい質問と回答 ●

質問や回答にあたっても，発言が相手方（およびジャッジ）に速やかに理解されなければ，ディベートはスムーズに進まない。意図しない答えが返ってきて，こちらの意図を伝え直してなどとやっている間に時間は過ぎる。また，実際の授業でも，質疑応答を苦手とする学生は多い。しかし，質疑応答をする機会は，就職活動でのグループディスカッションや就職してからの会議など，これからの人生においてしばしば訪れる。場慣れも重要なので，練習の機会としてディベートの場を活用してほしい。なお，時間の進め方という点では，この質問は何分くらいというある程度の目安を作っておくとよいだろう。

● 冷静な態度で ●

ディベートが白熱してくると，つい語気が荒くなることがある。ゲームとしての性質上仕方ない部分もあるとはいえ，あくまで授業である。将来の仕事でも，冷静さを失ったら負けである（言うまでもなく，仕事での会議の目的は，自分の意見を通すことではなく，よりよい結論やコンセンサスを作り上げることである）。ジャッジのほうも，知識が足りないあまりに，語気が荒い様子だけをみて，「押している」とか「突き崩した」などと即断せず，冷静に議論の内容に耳を傾けてほしい。誤った知識に基づく質問に対して回答側が困惑しているだけ，というのもよくある。よいディベートにするためには，ジャッジの事前準備も不可欠である。

以下に質疑応答例を作成したので，見てほしい。ここでは，原告が被告に対して，94条2項類推適用のための「虚偽の外観の発生に対する本人の帰責性」という要件について，94条に立ち戻り，類推適用のためには通謀に比肩しうる積極的で意図的な関与が必要なのではないか，と質問している。

【質疑応答〜原告からの質問】

原告

まず94条2項類推適用の要件を挙げてください。

被告

①虚偽の外観の存在，②虚偽の外観の発生に対する本人の帰責性，③虚偽の外観に対する第三者の正当な信頼の3つです。

まず本人の帰責性についてお聞きします。本件の原告について，本人の帰責性という要件はなぜ満たされるのでしょうか。

原告がAに委任した本件不動産の賃貸に係る事務に必要とは思えない登記済証を長期にわたって預けっぱなしにしていたことや，印鑑登録証明書を漫然と複数枚渡していたこと，Aのいうままに原告とAの間の売買契約書に署名押印し，さらにAが原告の実印を用いて登記申請書に署名押印するのを漫然と見ていたことなどの事情は，原告の極めて大きな落ち度を示すものであり，これは通謀と同程度の帰責性といえるからです。

少し質問を変えます。権利外観法理を直接に定めた条文はありますか？

ありません。

類推適用されるのは，あくまで民法94条2項ですね。

はい。

民法94条は何について定めた条文ですか？

通謀虚偽表示です。

そうだとすると，本人の帰責性について，民法94条の定める通謀という積極的で意図的な関与と，本件の原告のような，たとえ重大であるとはいえ，Aの指示に意味もわからずに従っただけの意図的でない落ち度とは帰責性の程度において質的に違うのではないでしょうか。類推適用される条文は通謀虚偽表示に関する民法94条2項なのですから，意図的かどうかというのは非常に重要なファクターであると考えられます。……（略）

● **結論（最終弁論）** ●

ディベートの締めくくりとして，双方が結論を述べる（最終弁論）。これはその日のディベートのまとめであり，ジャッジにアピールできる最後の機会である。結論では，自分たちの主張や論拠を簡潔にまとめたうえで，質疑応答を通じて明らかとされた自分たちの見解の優位性や相手チームの見解の問題点をまとめ，ジャッジに提示することになる。

結論は，ディベーターにとって最後の反論の機会でもあるので，質疑応答で十分反論できなかったことがあれば，ここで反論を行うことができる。ただし，結論で提示できるのは，これまでに提示された論点だけであり，新たな抗弁や論点，理由づけを提示することはできない（新しい例を示して補強するなどは可能である）。なぜなら，仮に結論で新たな主張や論拠を提示することを許してしまうと，それに対して反論する機会をもたない相手方が一方的に不利になってしまうからである。

この結論も，ある程度は事前の準備が可能である。しかし，立論の単なる繰り返しにするのではなく，事前に準備したものに，たとえば「～の点について，こちらから質問をしたが，十分な反論は得られなかった」などのかたちで，質疑応答の内容を組み込んで，最終的な結論を組み立てると，その日のディベートのまとめとして，よりジャッジにアピールできる結論となるだろう。

● **ジャッジ** ●

ディベートの勝敗は，ジャッジの投票によって決める。一般のディベートでは，時間配分，チームワーク，発表態度，議論の水準など個別の評価ポイントごとに，1点から5点など点数をつけ，合計点で勝敗を決めることが多い。本章の最後に示したジャッジシートでは，ここまで細かい採点基準は設けず，立論，質疑応答，結論ごとにコメントを記入してもらったうえで，どちらかに投票するという形式を紹介している。採点のしかたにもさまざまなバリエーションがあるので，いろいろな方式を試してもらいたい。

ジャッジの評価のポイントとしては，①時間配分，②チームワーク・役割分担，③発表態度，④論理の一貫性など理由づけの説得力，⑤理由づけのナンバリングなど主張の構成やわかりやすさ，⑥議論の水準などを挙げることができ

る。ジャッジは，これらを総合的に評価して，一方に対して投票する。このことからもわかるように，ディベートを理解するためには，ジャッジも十分な予習をしてくる必要がある。

しばしばみられる誤りであるが，ジャッジは，あくまでディベートに対して行うものであって，当該テーマに対する自分の意見に基づいて投票するのではない。また，当該ケースに関する判決の存在のほか，確定判例であるかどうかや，有力な学者の見解であるかどうかといったことも評価の基礎としてはならない。

ジャッジシートには，自分のジャッジのポイントだけでなく，どのようにしたらディベートがよりよくなるかなどの意見も積極的に書くようにしたい。ディベーターもこれを読むことで，自分たちのプレゼンテーションの改善点を見いだすことができる。

次頁にジャッジシートのサンプルを掲載しておこう。

Column　テーマの理解を深める

ディベートで取り上げたテーマについてより理解を深めるための工夫として，ジャッジからのコメントの際に，ディベーターに向けて質問をしてもらい，討論する方法が考えられる。ただそうすると，ジャッジの人数が多い場合には，勝敗が判明するまでに時間がかかるし，質疑応答のやり取りがジャッジの判断に影響する可能性も出てくる。そういった場合には，いったん簡単なコメントのみを付してジャッジをしてもらったうえで，あらためて討論の時間を設けるなどの工夫も考えられる。

さらに，ディベート後にレポートを書くのも大変よい勉強になる。ディベートを通じて，自説および反対説の論拠，反論が明らかになっているので，それらを改めてまとめることで，知識も整理され，より理解も深まるだろうし，論理的に文章を書いたり，注を付ける練習にもなるだろう。

【ジャッジシート】94条2項類推適用

氏名	○○ ○○	JUDGE	（ 5 ）班に投票
	原告（5班）	被告（1班）	

	原告（5班）	被告（1班）
立論	構成はわかりやすかった。94条2項類推の場合でも，94条2項という条文に立ち戻って論証している点は，説得的と思われた。ただそうだとしても，XがAに安易に重要書類を渡したり，実印が登記申請書に押されるのを漫然と見ていた帰責性は非常に重いのではないか。	Xの重い帰責性を根拠に94条2項を類推できるとする結論は妥当だと思った。94条2項→背後の権利外観理論→類推の3要件→当てはめという構成はわかりやすかったが，「類推にも通謀のような積極的で意図的な関与が必要だ」という原告側の主張に対する反論は不十分だった。
質問と回答	（回答）……（略）	（質問）……（略）
質問と回答	（質問）「類推にも通謀のような積極的で意図的な関与が必要だ」という部分を前面に出した質問は厳しかった。ただ，Xの落ち度が重大であることは認めており，理論的な議論に流れすぎた印象も受けた。	（回答）原告側の理論的な質問に対して，Xの落ち度の重大性で回答しており，議論がかみ合ってない感じがした。もう少しいろいろな条文を援用して，権利外観理論を厚く論じるとよかったのではないか。
結論	……（略）	……（略）
総評	……（略）	……（略）

Point
・第 1 審・控訴審判決にも当たって，事案をしっかりと把握する。
・論点について調べる際には，自説の補強，相手方への攻撃など，調べたことをディベートのなかでどう使うかを考える。
・立論を作成する際には，説得的な理由づけに注意し，十分に意見交換しておく。
・質問と回答はわかりやすく冷静に，自説を補強し，相手方の見解の問題点を浮かび上がらせる。
・結論は，立論の繰り返しにならないように，ディベート全体をふまえた内容をめざす。

日直 原田

第5章 法律討論会

 1　法律討論会をやってみよう

　法学部では，大学内の複数のゼミが合同でゼミをしたり，インターカレッジで大学対抗戦形式の討論会が催されたりしているが，事例問題はそうした場面でもよく用いられている。各チームそれぞれが，紛争事案に対していかに論理的・説得的な解答を提示し，また質問に応答できるか，という法学に必要な論述や議論の力量が総合的に試されることになる。

　インターカレッジの法律討論会のなかでも最大規模を誇る「全日本学生法律討論会」は，関東，関西，九州・瀬戸内の各地区で行われている法律討論会で選抜された大学が参加し，憲・民・刑など主要法律分野から出題される問題について立論と質問の技量を競うものである。このほか，各大学の民法ゼミが集まり立論を競う「インターカレッジ民法討論会」や，国際的なビジネスを題材とした問題に対する仲裁・交渉の大学対抗戦である「インターカレッジ・ネゴシエーション・コンペティション」もある。これら討論会の開催案内や出題内容，結果報告等については，『法学教室』や『法学セミナー』等に随時掲載されているので，参照してみてほしい。

　本章では，実際に討論会を行ってみたいという読者のために，本書『リーガル・リサーチ＆リポート』の実践編として実際に行われた，早稲田大学法学部の秋山靖浩ゼミと立教大学法学部の原田昌和ゼミとによる合同討論会を素材に，インターカレッジでの法律討論会の一例を示した。読者が討論会を行う際の参考にしてもらえたらと思う。

前章の法律ディベートとは異なって，討論会では，自分たちのよって立つ立場があらかじめ指定されていない場合もあるなど，独自の難しさはあるが，資料の収集，立論の作成，質疑応答の準備など共通する事柄も多いので，前章もあわせて参照してほしい。

2　実施要領（例）

● 討論会の体制 ●

① チームの編成
- 数名の学生で1つのチームを編成し，そのうち1名が「立論者」（論者）として立論を発表する。
- 学年をまたいだチーム構成にすると，過去の討論会の経験を皆で共有できるなど，学習効果も高い。
  ＊今回の討論会では，両ゼミから学年混成の2チームを出し，計4チームで実施した。

② 審査員
- 審査員に決まった数はないが，研究者のほか，実務家にもお願いすると，視点の違いもあって面白い。
  ＊今回の討論会では，出題者の教員のほか，両ゼミを卒業した弁護士1名ずつに審査員をお願いした。

● 討論の方法 ●

課題に対する立論（解答の発表），および，これに対する質疑応答を内容とする。時間は，立論を10分，インターバルを3分，質疑応答を10分とする。

① 立論
- 各チームは，課題に対する立論を検討し，立論書に記載する。立論書には，当日発表する内容をそのまま記載するものとし，討論会の参加者全員に配付する。
- 立論の作成にあたっては，自分たちだけで作成してもよいし，第三者（大学教員や卒業生など）の助言を聞くことができるとしてもよい。

② 質疑応答
・質問者は，手を挙げて発言を求め，司会の指示に従って質問する。
・質問は簡潔に行い，問題外に触れてはならない。また，質問は1回につき1つの事項についてのみすることができる。
・関連質問は同一人に限り1回のみ行うことができる。この場合には，司会に「関連」と告げて，関連質問をする意思を表明しなければならない。
・質問に対する応答は，チーム対抗という観点から，論者だけでなく，論者の属するチームのメンバー全員ができるものとする。
・回答者は，質問者の質問の意図がわからないときには，その質問の意図を明確にするよう質問者に求めることができる。この場合には，司会に対し，「質問の意図の確認」と告げて，その意思を表明しなければならない。

③ 審査
・「立論賞」は，チームで競われるもので，「論旨」と「質問に対する応答」の2つの要素で採点を行う。論旨を70点満点，質疑応答を30点満点として合計100点（採点は1点刻み）とする。
・「質問賞」は，チームではなく個人で競われるもので，各質問ごとに10点満点（採点は1点刻み）で採点する。各個人の点数の合計ではなく，高い評価を得た質問をした者が表彰される。

*4に審査員に配付された「立論」と「質問者」それぞれの採点用紙のサンプルを掲げる。

● 討論会の全体の流れ ●

第1討論　　立論10分→インターバル3分→質疑応答10分
第2討論　　立論10分→インターバル3分→質疑応答10分
休憩（10分）
第3討論　　立論10分→インターバル3分→質疑応答10分
第4討論　　立論10分→インターバル3分→質疑応答10分
休憩（20分）：この間に別室で審査員が審査
↓
出題者・審査員からの講評　→　結果発表　→　表彰

法律討論会の実践例

●● (1) 問　題 ●●

　以下に，実際の討論会で出題された問題を掲載する。全体を紹介するので，読者も考えてみてほしい。

> 　画廊を営む X は，近現代美術について造詣が深いアートディレクター A から，自身のプロデュースにより再来年春にオープンする美術館の目玉となるような絵画を，4000 万円の予算の範囲で入手してもらいたい，との依頼を受けた。X は，長年取引を続けていた美術商 Y にこの件を相談したところ，Y がもちかけてきたのが，藤田嗣治の「パリの鞣靼人」という絵画（以下，「本件絵画」という）であった。Y は，X に対して，本件絵画は美術収集家 B が 2 年前にパリの権威あるオークションにて 4000 万円で落札したものであるが，経営する会社が倒産したことから手放すことを決意した B から，3 か月前に Y が購入をしたこと等の説明を行った。その際，X は，本件絵画の来歴を示す証拠として，パリのオークションの出品リストを Y から提示され，そこには確かに本件絵画の写真が掲載されていること，およびオークションの出品リストが本物であることを確認した。
> 　Y は，藤田の絵画の人気が高まっていることを理由に，現時点における適正な評価額として 4500 万円の売買価格を提示したのに対し，X は，予算の上限もあることから，「相応の値引きをしてくれたら購入を考えてもよいが，いずれにせよ購入するかどうかは A と相談して決めたい」と Y に告げた。これに対して Y は，「ほかにも取引先があることだし，1 週間以内に返事がないのなら購入の申し出や値引きの交渉には応じられなくなる」と述べ，X もこれを了承して，いったん Y のもとを辞した。
> 　X は，翌日，この件を A にメールで報告したところ，A からは，「藤田の絵が 4000 万円で手に入るなら，こんなに嬉しいことはない。ただし再来週まで海外出張をしている関係上，1 週間内には現物を見に行けないので，写真のデータを送ってほしい」との返信があった。X がただちに本件絵画の写真を A に送ったところ，翌日，A から，「保存状態も良いようだし，オークションに出品されていたものなら本物とみて間違いないだろう，すぐに購入の手続をとってほしい」という指示が

メールで届いた。そこで，Xは，Yのもとを訪れ，本件絵画を購入する意向を示したうえで，YがBから購入したときの価格が3600万円であったことや，鑑定書がないこと等を指摘しつつ値引き交渉をすすめたところ，最終的にXY間で売買価格を3900万円とする本件絵画の売買契約が締結された。なお，契約書には，従前のXY間での取引におけるのと同様，本件絵画が贋作だった場合に関する記載はなかった。その1週間後，約定された期日に，代金の支払と本件絵画の引渡しが滞りなく行われた。

それから1か月後，本件絵画が美術館に収蔵されることが報道されると，藤田の「パリの鞄靴人」は自分が私有していると称する者があらわれたため，Aが正式に国際機関に本件絵画の鑑定を依頼したところ，本件絵画は極めて精巧に作られた贋作であり，オークションに出品されたときも絵画に詳しい専門家らがそのことを見抜けていなかったことが判明した。

以上の事実が明るみになったことを受け，YはXに対して300万円を返還してきたが，それ以上の代金の返還には応じられないという。Xは，Yに対して，代金全額の返還，および損害賠償金の支払を請求したいと考えている。このXのYに対する請求は認められるか。

　　＊解答は，改正後民法（平成29年法律第44号，令和2年4月1日施行）によるものとする。

〔出題＝田髙寛貴〕

●● (2) 立　　論 ●●

以下では，学生の立論の1つを紹介する（なお，討論会当日のものをそのまま掲載しているわけではなく，紙幅の関係から錯誤の論点に関する部分のみを掲出した）。今回は，とくに立場を指定しない形をとったが，X側，Y側というように，各チームで立場をあらかじめ分けておいて討論をしても面白いだろう。

　本件契約について，錯誤による取消しが認められるか，以下検討する。
　（ア）まず，本件絵画が藤田嗣治の真作であると認識し，かかる事情を基礎として，本件絵画の売買契約を締結している。そして，本件絵画は，後に贋作であることが発覚している。したがって，Xの錯誤は，民法95条1項2号の，「表意者が法律行為の基礎とした事情についてのその認識が真実に反する錯誤」にあたる。
　（イ）つぎに，同条2項は，「2号の規定による意思表示の取消しは，その事情が……表示されていたときに限り，することができる」と規定しているところ，本

件では表示があるといえるか。「表示」の意義が問題となる。
　この点につき，取引安全と表意者保護の調和の観点から，動機が明示または黙示に表示され，意思表示の内容となっていることが必要であると解する。
　本件についてこれを見るに，まず，絵画の真正は通常，来歴，カタログ・レゾネ，鑑定書の有無等の事情を総合的に考慮して判断される。そして，Ｘは本件絵画のオークションのリストの提示を受けて来歴を確かめたうえ，鑑定書の有無の確認を取り，これにＹも応答している。そうであれば，Ｘは本件絵画が真作であるから購入することを黙示に表示していたといえる。
　また，絵画が贋作であった場合の売買価格は，通常ゼロに等しいことから，3900万円という高額な価格は本件絵画が真作であることを両当事者間で前提として定められたものと考えるのが自然である。そうであれば，本件絵画が真作であるという動機は，ＸとＹにとって，意思表示の内容になっていたといえる。よって，同条2項の要件は充足される。
　(ウ)　では，錯誤が，「法律行為の目的及び取引上の社会通念に照らして重要なもの」であるといえるか。
　この点は，錯誤がなければ表意者は意思表示をしなかったであろうし，意思表示をしないことが一般取引通念に照らして至当であるか否かにより判断される。
　本問においてこれを見るに，まず，前述のとおり，売買契約締結の経緯や目的物の価格から，本件法律行為の目的は，真作の絵画を売買することにあったといえる。そこで，本件絵画が贋作であれば，Ｙは意思表示をしなかったであろうといえ，取引上の社会通念に照らしても意思表示をしないことが至当といえる。よって，95条1項柱書の要件も充足される。
　(エ)　もっとも，Ｙは，錯誤がＸの重過失によるものであるから，取消しを主張することができない旨反論することが考えられる。そこで以下，Ｘに重過失があるか検討する。
　まず，本件絵画は，極めて精巧に作られ，一見して明らかに贋作と判明するような作品ではなかった。また，Ｘは，Ｙから本件絵画の来歴について説明を受け，これについてオークションの出品リストが本物であることを確認することで，Ｙの説明が客観的事実と整合することを確認しており，絵画取引において通常なされるような確認はなされている。そうであれば，買主に過ぎないＸに，鑑定をとるなどしてさらに注意を尽くすべき義務があったというのは相当ではないから，Ｘに重過失があるということはできない。
　よって，錯誤による取消しが認められる。

〔以下，略〕

●●　(3)　質疑応答　●●

● その1 ●

学生Ｐの質問
「立論では，Ｘに重過失があるかを検討していましたが，この検討は必要でしょうか。本問では，本件絵画が真作であることについてＹも錯誤に陥っているので，ＸとＹの共通の錯誤だといえます。95条3項2号では，もし錯誤が表意者の重過失による場合であったとしても，相手方も表意者と同一の錯誤に陥っていたときは取消しが認められます。そうであれば，共通の錯誤であることを指摘すれば足りるのであって，Ｘの重過失まで検討する必要はないはずです。」

立論チームの回答
「95条3項2号は，Ｘに重過失があったとしても共通の錯誤であれば取消しが認められるという規定です。そもそもＸに重過失がなければ，取消しは当然に認められるので，共通の錯誤かどうかを検討する必要がありません。ですので，立論では，Ｘに重過失があるかどうかを検討し，重過失がないとの結論になったので，共通の錯誤には触れませんでした。」

学生Ｐの関連質問
「でも，Ｘに重過失があるかないか，かなり微妙ですよね。Ｘは本件絵画の現物を見ていないようですし，特に本件絵画の鑑定書がなかったのに本件絵画が真作だと信じるのは，ちょっと安直すぎるかと思います。ですので，錯誤についてＸに重過失があると判断される可能性もそれなりにありそうです。そうであれば，ＸとＹの共通の錯誤に当たるから，Ｘに重過失があろうとなかろうと，いずれにしても取消しは認められると論じた方がよかったのではないでしょうか。」

立論チームの回答
「Ｘには，そもそも重過失はないと思います。本件絵画の鑑定書がないことは，確かに，Ｘに重過失ありと判断する材料になります。しかし，本問では，ＸはＹから本件絵画の来歴について説明を受けており，権威あるオークションにて4000万円で落札されたことを確認するなど，画廊を営む者に職業上要求される注意をそれなりに尽くしています。これらの事実も含めて総合的に判断すれば，Ｘに重過失があるとはいえません。このようにしてＸに重過失はないと十分に判断できるので，共通の錯誤を取り上げる必要はないと考えました。」

● その２ ●

学生Ｑの質問
「本件絵画の贋作のリスクについて質問です。立論では、本件絵画が真作であることが両当事者間で前提とされていると述べていました。しかし、絵画には常に贋作のリスクがあり、絵画を購入する者も、贋作が混じっていることを覚悟の上で取引をしているはずです。買主にとっては、真作だったらラッキー、贋作だったら仕方がない、という感じでしょう。そうであれば、贋作だった場合のリスクは、買主Ｘが負担するべきだと思います。それにもかかわらず、後になってからＸの錯誤取消しを認めるのは、おかしいのではないでしょうか。」

立論チームの回答
「本問では、権威あるオークションにて 4000 万円で落札されており、絵画に詳しい専門家も贋作だと見抜けなかったという事情があります。しかも、本件絵画の売買価格は、真作であることを前提として 3900 万円という高額になっています。これらの事実によると、ＸもＹも、本件絵画が真作であることを前提にして取引をしていたと見るべきです。そして、贋作だと判明したときは錯誤取消しが認められる、とＸもＹも考えていたと思います。」

学生Ｑの関連質問
「ＸもＹも絵画取引のプロなので、本件絵画が贋作であった場合を想定して、契約の中で明確に決めておくことができたはずです。例えば、『本件絵画は真作であることを前提にしていますが、もし万一、贋作であった場合には契約を取り止めることができます』などと定めておくことができたと思います。つまり、贋作だった場合のリスクは売主Ｙが引き受ける、ということを明確に合意しておくべきだったはずです。それなのに、そういう合意をしていない以上、Ｘの錯誤取消しが認められなくてもやむを得ないと思いますが、いかがでしょうか。」

立論チームの回答
「そういう明確な合意をしていない場合に、贋作のリスクを買主Ｘと売主Ｙのどちらが負担するかが、本問では問題になっていると思います。いくらプロだといっても、細かいことまで契約で定めているわけではないからです。私たちのチームとしては、先ほど述べたような事情からすると、ＸとＹは本件絵画が真作であることを前提としており、その前提がなかった以上、売買契約もなくなってもやむを得ない、つまり、Ｘの錯誤取消しを認めてよいと考えます。」

●● (4) 講　　評 ●●

　みなさん，長時間にわたっての討論，お疲れ様でした。真剣に問題に向き合い考え抜いて構成してくれた立論，白熱した質疑応答，いずれも大変興味深く，楽しく拝聴いたしました。……

　さて，私からみなさんにお願いしたい，この問題を振り返っていま一度考えてみてほしいこと，それは，「事実は細部に宿る」――事案のなかに登場する様々な要素を丁寧に拾い上げ，精査することの重要性です。1つ1つの事象がどのような意味を持ち，どのように結びついて事実を構成しているのか，両当事者それぞれの立場にたって，あらためて考えてみましょう。

　「立論」で言われていたように，今回はXYとも本物だと考えていたからこそ高額な値で取引がされた，それは事実でしょう。しかし，それだけで贋作だったときに契約の有効性を否定できるのでしょうか。ここで，問題文中に登場する，鑑定書がないこと等もふまえつつ値引き交渉がされた，という事実に着目してみましょう。4500万円の希望価格から最終的に3900万円にまで売買価格が引き下げられたことに「偽物の可能性もあるから，その分安くしておきます」という趣旨が込められていたのなら，偽物ならば契約の前提を欠くことになるから効力が否定される，としてよいかは疑問となるでしょう。ただし，「費用がかかる鑑定書の作成は後で買主のほうでやってほしい」という趣旨で安くされていたのなら，また話は変わってきます。Q君による質疑応答では，売主と買主の間でのリスク分配という視点からやりとりがされていましたが，問題の中に現れているこうした様々な具体的な事実にも言及されていたら，より説得的な議論の応酬にできたかもしれませんね。

　この問題のモデルとなった裁判例（東京地判平成14年3月8日判時1800号64頁）は，「立論」でもあげられていたような論理で錯誤を認めていますが，しかし，美術商どうしの取引に関する別の裁判例には，真作の保証をする特約がない限り，真贋の判定は買主の鑑識に委ねられるものであり，贋作であることの責任は買主自身が負うべきである旨を述べるものもあります（福岡高判昭和36年9月9日判時320号16頁）。このような見方は，本問では妥当しないものでしょうか。ちなみに，P君の質疑応答でも指摘されていたように，専門家でもある買主Xの側に軽率なところはなかったのか，そのことは共通錯誤という問題に解消できるものなのか。……

　まだまだ取り上げてみたいポイントはあるのですが，時間（紙数）も尽きているので，このあたりとします。私の思うところは『法学教室』462号（2019年）16頁以下にも少し書いておきましたので，ご一読いただければ幸いです。

4　採点用紙のサンプル

最後に，立論採点用紙，質問者採点用紙それぞれのサンプルを掲載しておこう。

● 立論採点用紙 ●

立 論 採 点 用 紙

審査員　○○　○○　先生

立論順	立論チーム名	論　旨	質疑応答	合　計
1	○○大学Aチーム	62/70	21/30	83/100
2	○○大学Bチーム	/70	/30	/100
3	○○大学Bチーム	/70	/30	/100
4	○○大学Aチーム	/70	/30	/100
5		/70	/30	/100

＊ 各立論ごとに，論旨を70点満点，質疑応答を30点満点の合計100点満点で，1点刻みで採点してください。

● **質問者採点用紙** ●

質 問 者 採 点 用 紙

審査員　○○　○○　先生

第1立論　○○大学Ａチーム　への質問

質問順	質問者氏名	得　点
1	○○　○○	7 ／10
2	○○　○○	5 ／10
3		／10
4		／10
5		／10
6		／10
7		／10

＊　各質問ごとに10点満点，1点刻みで採点してください。
＊　関連質問があった場合は，本質問と関連質問とをあわせて1つの質問として採点してください。

第2編 法律学の情報調査・収集

リーガル・リサーチ

legal research

第6章 リーガル・リサーチ総論

　法律学は文献や資料をもとにして展開されるものであるから，文書作成や報告をするにあたっては，そのテーマに関係する法情報をどれだけ必要かつ十分に，効率よく獲得できるかが重要な鍵となる。法律に関係する情報・資料を調査することをリーガル・リサーチというが，本章以下では，このリーガル・リサーチの手法と心構えを述べていくことにしよう。

1　法情報の種類と形態

(1) 法情報の種類

　法律学習を展開していくのに必要となる法情報には，いくつかの種類がある（図表6-1参照）。

● 法　令 ●

　いうまでもなく，法律学の基本は法律・法令である。レポートのテーマが判例研究の場合でも，また学説や論点に関するものの場合でも，適用ないし対象とされている法律の条文を知ることが，学習の第一歩となる。ふだん何気なく六法で眺めている法律の条文も，法令のしくみについての基礎知識があると，それまでとまったく違う視点で面白い見方ができるようになる。法制執務用語研究会『条文の読み方』（有斐閣，2012年）などで，一度じっくりと法令の「いろは」を学んでおこう。

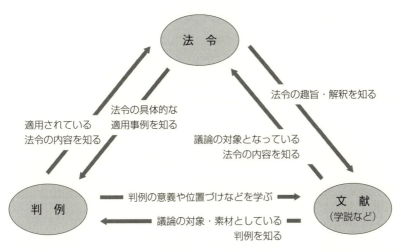

図表 6-1　リーガル・リサーチの対象

　ところで，民法のような主要な法律ならば，手持ちの小型六法でも簡単に条文を調べることができるが，参照すること自体が容易でない法令も多々ある。たとえば，特定商取引法（正式には「特定商取引に関する法律」）にしても，この法律自体は六法を見ればよいけれど，その適用対象を知るためには「特定商取引に関する法律施行令」という政令にあたる必要がある。しかし，こうしたレベルの法令まではなかなか手元にある小型の六法には登載されていない。また，過去の判例で適用されている条文のなかには，その後廃止されたり，改正されたりしていて，現行の六法で確認できないものもある。そうした場合には，いかにしてその当時の条文を知るかが，最初の課題となる。

　また，法律や条文の文言を眺めているだけでは，その趣旨や意義を知ることはできない。ときには，その法律の制定時における議論や制定過程など，法令制定の背景事情にかかわる情報も必要となる。法律や条文の文言を超えた，そうした情報の収集という事項も含め，法令調査については第 **7** 章で解説する。

● 判　例 ●

　判例学習の重要性は，本書でもこれまで繰り返し述べてきた。その条文が具

体的にどのような意味をもっているのかを明らかにするためには，その条文を適用している判例を調べることが重要となる。また，法解釈の論文では，判例が分析の素材とされていることが多い。判例を素材としたテーマの場合はもちろんのこと，法令や学説を知るうえでも，判例は重要な法情報となる。

判例は，『最高裁判所民事（刑事）判例集』などの公式の判例集のほか，『判例時報』『判例タイムズ』といった民間の判例雑誌にも多く登載されている。また，近時は，インターネットで，必要となる判例の検索はもちろん，その判決の全文や関連文献，関連判例を参照することができるシステムも登場し，広く用いられている。第**8**章では，「LEX/DB インターネット」（以下では，「LEX/DB」と略記する）という判例検索システムを中心に，判例検索の手法を詳しく解説する。

● 文　献 ●

ひとくちに法律に関する文献といっても，その種類や内容にはさまざまなものがある。法律学習で最もなじみのある文献といえば，教科書ということになるだろう。ただ，あるテーマについて調べようというとき，そうした教科書の該当箇所にも著者の考えは示されているだろうが，より本格的に研究の内容を知ろうとするならば，そのテーマについて著された研究書や，論文集や雑誌に掲げられている研究論文などを調べなければならない。膨大な数の法律文献のなかから，いかにして自分のテーマに関連するものを見つけ出していったらよいのか，法律文献の検索の手法については，第**9**章で詳しく扱う。

●● (2) 法情報の形態 ●●

法情報の形態については，紙に印刷されたものと，デジタル資料とに大別することができる。このいずれであるかによって，情報資料へのアプローチのしかたは大きく異なってくる。

● 印刷体の資料 ●
印刷体の資料は，図書（書籍），雑誌，新聞に分けられる。

① 図書　　図書とは，雑誌ではない，要するに本のことである。単独で発行される図書である「単行本」，特定のテーマや執筆者の論文を複数の本で集成した「全集」，特定のテーマにつきシリーズ構成された「叢書（そうしょ）」「講座」など，図書にもさまざまなスタイルのものがある。

② 雑誌　　雑誌とは，継続して刊行される出版物である。法律雑誌には，法律に関する論文や記事，判決が掲載されていたりする。法律雑誌を発行主体によって分類すると，学会や学術団体が発行する「学会誌・研究誌」，大学や研究機関が発行する「紀要」，出版社が発行する「商業誌」，最高裁判所など国や地方公共団体が編集発行するもの（最高裁判所判例集など）となる。

雑誌には「巻」「号」の表記が必ずある。「号」のみが用いられているときは，創刊号からの通し番号で号数がふられている。また，巻と号が用いられているときは，1年の間に発行されたものを「巻」としてまとめ，その年（巻）で最初に発行されたものを1号として号数がふられるのが一般的である。

③ 新聞　　比較的速報性の高い記事で構成されている，綴じられていない印刷物で，新聞社や国・行政機関，各種団体の発行するものがある。国が発行する『官報』，最高裁判所が発行する『裁判所時報』などは，法律文献としても重要度の高い新聞といえる（なお，これらの新聞は，図書と区別されるものという意味で雑誌の範ちゅうに入れられることもある）。

● デジタル資料とその形態 ●

情報技術の進展によって，法情報についても，印刷体ではなく，パソコン上で提供されるデジタル媒体のかたちをとるものが増えている。デジタルデータとなっているものは，コピー＆ペーストといった加工がしやすく，また検索システムによって膨大な情報のなかから瞬時に必要としているものを探し出すことができるなど，非常に便利ではある。しかし，安易な利用のしかたが大きな問題を引き起こすこともあるので，取扱いには注意が必要である（後出3）。

デジタル資料が提供される形式には，インターネットを経由して情報提供機関からデータを受け取るしくみ（オンライン）のものと，DVD-ROMやメモリースティックなどに収められている情報をパソコンで見るしくみ（オフライン）のものとがある。

● ● (3) デジタル資料の種類 ● ●

デジタル資料を内容別に分類すると，次のようになる。

● データベース ●

データベース（DB）とは，コンピュータによって，データを集めて管理し，検索・抽出などの再利用をできるようにしたものである。これによって，判例，法令，文献いずれの法情報についても，容易に検索・入手ができるようになった。DVD-ROMに収められたオフラインのデータベースについては，学生が個人で購入するようなものではなく，所蔵する図書館で利用するのが一般的であろう。インターネットによるデータベースには，有料のものと無料のものとがある。無料のものであれば自分のパソコンからアクセスして利用することもできるが，有料のものについては，契約を結んでいる大学の図書館等のパソコンを通じて利用することとなる。

● 電子書籍・電子アーカイブ ●

図書や雑誌が，印刷体の発行後ないしは発行と同時に，デジタル化されて発売されることも少なくない。六法については電子書籍版も比較的多く利用されている。また，主要な法律雑誌はバックナンバーが電子復刻版としてDVD化やオンライン・データベース化がされており，記事や判例をキーワード検索することもできるようになっている。所属する大学で何が利用できるか，図書館やウェブなどで調べてみよう。

大学や研究機関が発行する紀要に掲載されている学術論文については，「機関リポジトリ」というシステムによってオープンアクセス化が進んでいる。これは，各研究機関が，紀要に掲載された学術論文などを電子的形態で集積し保存・公開するために設置する電子アーカイブシステムであり，インターネットを通じて誰でも無料で全文を閲覧できる。後述する文献検索データベース「CiNii Articles」（第 **9** 章 2 (3)）では，検索された論文がオープンアクセス化されているときは，検索結果の表示画面から機関リポジトリに直接移動して全文を

直接入手できるようになっている。また、日本国内の学術機関リポジトリに蓄積された学術情報を横断的に検索できるサイトとして、IRDB（Institutional Repositories DataBase）がある（https://irdb.nii.ac.jp/）。

● インターネットウェブサイト ●

　インターネットで政府や企業、個人が開設するウェブサイトにアクセスし、そこから法情報を得る方法も、もちろんある。省庁が設置するサイトでは、各省庁の所管する法律案や審議会などの立法に関する情報を得ることができるし、国会のサイトでも、法律案の審議状況その他さまざまな法令情報が公開されている。また、最高裁判所をはじめ各裁判所でもサイトが設けられており、判例データベース「裁判例情報」や司法統計など、法律学習の上でも利用度の高い情報が含まれている。政府統計ポータルサイト「e-Stat」（https://www.e-stat.go.jp/）では、各種の登記の件数などをまとめた「登記統計」や、「犯罪統計」「戸籍統計」といった各府省が公表する統計データを検索、閲覧することができる。

　個人や企業の開設するサイトにも、弁護士が法律問題を解説したり、研究者が見解を述べたりしているものなど、法律情報を得られるものが多々ある。ただ、内容の信頼度が低いものや、ごく主観的な内容となっているものもあるから、そうした情報をそのままレポート等で論拠として用いるのは避けるべきであろう。国の機関等によるサイトと比べると、その利用には慎重さが求められる。

2　リサーチの方法

　レポートのテーマの選び方については第 **1** 章 1 で、また、収集した法情報を読み込んでレポートに活用する方法については第 **1** 章 2 で、それぞれ説明をしたが、その中間の段階、つまり、テーマに関連する法情報をどのように収集・獲得していったらよいのかという、リーガル・リサーチの進めかたを、以下で概観していこう（**図表 6-2** 参照）。

図表 6-2　リーガル・リサーチの流れ

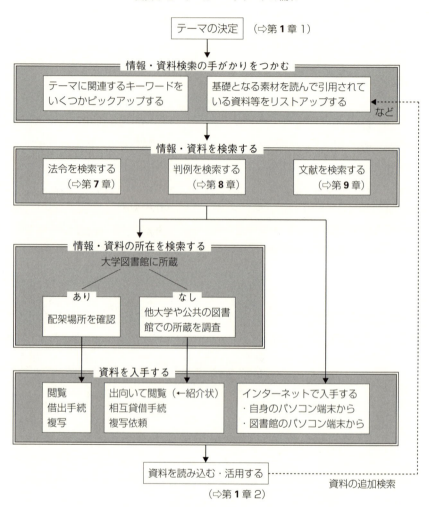

●● (1) 情報・資料を検索する ●●

● 手がかりをつかむ ●

レポートのテーマが決まったら，まずは必要な法情報を収集するための手が

かりをつかもう。テーマを選ぶときに参照した資料や文献，あるいは教科書の該当箇所を読めば，そこには，判例や文献が示されているはずである。それらは，より詳しく研究・学習を進めていく手がかりとなるものであるから，必要性の高いと思われるものから順にどんどんリストアップしていこう。

また，法情報を調査する方法としては，後で述べるように，パソコンを使ってキーワード検索をかけるというものもある。テーマに関連するキーワードを思いつくまま，なるべくたくさんピックアップしてみよう。

● 情報・資料の検索 ●

手がかりとなるキーワードや判例，文献を見いだせたなら，いよいよ本格的に法情報の検索に入ることになる。どのような種類の法情報を得ようとしているのか，法令，判例，文献のそれぞれで検索のしかたにも違いがあり，詳しくは次章以降で述べるが，大まかにいえば以下のとおりである。

ある事柄に関する情報や資料の所在を探索する方法として，現在最も多く用いられるのは，パソコン端末によるデータベース検索であろう。後述するように，判例や文献の検索データベースにはさまざまなものがあるが（判例データベースについては第 8 章 2，文献データベースについては第 9 章 2 を参照），これらを用いれば，キーワードを入力する方法で必要な法情報を探し出すことができる。論文のタイトルや書名，著者・執筆者名の一部の情報しか得られていない場合でも，検索システムで必要な情報を補うことができる。また，判例検索では，関連判例や判例評釈といった周辺情報も併せて表示されたりする。

キーワード検索をする際には，なるべく目当てのキーワードと関連する語，たとえば上位・下位の概念や同義語・類義語などを試しにいろいろと入力してみよう（データベースによっては同義語を自動的に検索するシステムを備えたものもある）。キーワードのちょっとした入力の違いによって，検索結果は変わってくる。たとえば，「94 条 2 項」とするか「第 94 条第 2 項」とするか，あるいは 94 条と 2 項の間にスペースを入れるか否か等々によって，検索結果がまったく異なったりするのである。また，キーワードを組み合わせて対象を絞り込んでいく際にも注意が必要である。検索結果が膨大すぎても大変だが，最初から対象を絞り込みすぎるのも問題である。キーワードを段階的に増やしながら

徐々に絞り込みをかけていくようにしよう。

このように，キーワードの語句や入力のしかた，絞り込みのやり方を変えながら，何度も試行錯誤を繰り返して検索を進めることを心がけてほしい。

───◆ Column キーワード検索の極意「検索条件」 ◆───

キーワード検索の際には，検索条件の入力方法を知っておくとよいだろう。

データベースによっては，複数のキーワードを，縦軸に「AND（かつ）」，横軸に「OR（または）」で並べていくようなパネル方式のものもある。たとえば，**図表6-3**のLEX/DBのキーワード検索の画面は，「逸失利益」と「介護費用」のいずれかが入っていて，かつ「後遺障害」と「交通事故」が入っている，ただし「死亡」が入っているものは除く，という条件で判決を抽出しようとしたものである。

図表6-3　LEX/DBの検索画面

■フリーキーワード（パネルによる入力）　　　　※キーワードは全角15文字以内で入力してください。

検索対象：☑書誌（判決概要等）　☑全文

※入力したキーワードに同義語を設定する場合は，「同義語設定」ボタンをクリックしてください。

	OR→		
AND	逸失利益	介護費用	
↓	後遺障害		
	交通事故		
NOT	死亡　×		

パネル方式ではない1つの入力スペースでも，演算子を使えばこれと同じことができる。キーワードを「AND」か「＊」でつなげば「かつ」として，「OR」か「＋」でつなげば「または」として，「NOT」か「－」でつなげば「引く」として条件設定ができる。なお，キーワードの間にスペースのみを入れた場合は「かつ」として扱われる。これら演算子を使って**図表6-3**の検索条件を表すと，逸失利益 OR 介護費用 AND 後遺障害 AND 交通事故 NOT 死亡 となる。

このほか，優先づけは「（　）」を使う，部分一致指定の場合は「％」か「…」を付ける，といったルールもある。「アジア」を含むもののなかで「中国」「韓国」「日本」のいずれかが含まれるものは除き，末尾に「会社」が付くものを検索する

なら，アジア NOT（中国 OR 韓国 OR 日本）AND ... 会社となる。データベースによって検索条件の入力方法に相違があるので，利用する前に確認をしておこう。

● 情報・資料の掲載箇所を確認する ●

執筆者や論文名，あるいは判例の情報が得られたら，それがどこに掲載されているのかを確認する。文献の場合，検索して得られた情報が図書まるごと一冊の書名・著者であることもあるが，ある図書や雑誌のなかに収録された一論文の論文名・執筆者であることもある。後者の場合は，収録されている図書の書名や編者・編著者の名前，掲載頁等を，雑誌であれば雑誌名と巻・号・頁等を確認し，しっかりメモしておこう。

●● (2) 情報・資料の所在を検索し，入手する ●●

● 所蔵情報を調査する ●

法情報の存在が具体的に確認できたら，次は，その法情報が実際にどこに存在するのか，所在調査をする。

図書や雑誌など印刷体のものについては，まずは大学図書館にある所蔵目録データベース OPAC（オパック：Online Public Access Catalog）を利用して，大学に所蔵があるか否か，所蔵されているとしたら，どこに配架されているのかを調べる（図表6-4）。

なお，OPAC はキーワード検索ができるので，(1)に述べた文献調査を OPAC で兼ねる，というやり方もとれなくはない。しかし，この方法では，大学に所蔵されているものに検索対象が限定されてしまう。しかも，図書の書名にキーワードが入っているものしか拾われず，図書や雑誌のなかに収録されている論文までは検索することができない。やはり法情報の調査は OPAC 等による所蔵調査とは別に行わなければならない。

大学に所蔵されていることが判明したら，どの場所に配架されているのかを確認しよう。大学によって配架・分類のしかたはさまざまだが，一般には文献に付された「請求記号」（日本十進分類法によることが多い）が配架場所を知る手がかりとして機能する。なお，図書と雑誌は別々に配架され，分類方法も異な

179

図表6-4　大学の蔵書検索システム（OPAC）画面の一例

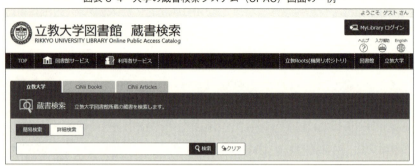

＊この蔵書検索の画面にあるタブで，本文で紹介した「CiNii Books」や第9章2で取り上げる「CiNii Articles」のサイトへのリンクが貼られている。同じくタブが設けられている「機関リポジトリ」とは，紀要など大学の刊行物を閲覧できるサイトである（174頁参照）。（https://opac.rikkyo.ac.jp/opac/opac_search/）

るものとなっているから，注意すること。

　大学に所蔵がない場合には，他大学や公共の図書館に所蔵がないかを検索していくことになる。その手段となるのが，国立情報学研究所（NII）の学術情報データベースCiNii Books（サイニィブックス：Citation Information by NII）である（http://ci.nii.ac.jp/books/）。大学のOPAC画面で検索して，学内に所蔵がなかった文献については，自動的に「CiNii Books」の検索画面への案内が表示されるしくみがとられていることもある。

　国立国会図書館の蔵書検索システムであるNDL ONLINE（https://ndlonline.ndl.go.jp/#!/）は，国会図書館の蔵書（雑誌も含む）について，書名のほか本文中に登場するキーワードも検索対象となっており，国会図書館の所蔵調査はもとより，文献検索としても利用できる。なお，「国立国会図書館サーチ」（http://iss.ndl.go.jp/）では，国立国会図書館をはじめ国内の各機関から収集した文献情報等について目次や本文を対象とした検索もできる（詳しくは第9章2）。

Column　日本十進分類法（NDC）

　日本十進分類法（NDC：Nippon Decimal Classification）は，多くの日本の図書館で採用されている図書分類法で，図書の内容を3桁の数字で表現することを基本として"000"から"999"までの1,000項目に分類したものであり，小数点以下で

さらに細かな分類がされている。

　3桁の数字の左から順に第1次区分（類目），第2次区分（綱目），第3次区分（要目）と並んでいる。法律書は，類目が社会科学を示す3，綱目が法律を示す2で始まり，要目での分類は「320 法律」「321 法学」「322 法制史」「323 憲法」「324 民法」「325 商法」「326 刑法．刑事法」「327 司法．訴訟手続法」「328 諸法」「329 国際法」となっている。なお，民法では，「324.1 総則」，「324.2 物権」，「324.3 担保物権」……と小数点以下でのさらなる細分類が施されている。

● 資料を入手する ●

　大学の図書館にあることがわかったら，「請求番号」などを控えて，図書館配架場所に行って手にとってみよう（自由に閲覧ができない閉架式の場合には窓口で依頼することになる）。閲覧をし，重要だと思えば貸出を受け，あるいはコピーをとるなどして，資料を入手する。

　自分の大学で所蔵されていないものについては，他大学に所蔵されているものを利用することになる。近くの大学なら直接出かけていって閲覧をするのでもよい（ただし，紹介状が必要なこともあるので，まずは自身の大学の図書館の窓口に尋ねてみること）。大学図書館間で相互貸借システムがある場合は，貸出をしてもらうこともできるし，該当する頁がわかっているのであれば，その部分の複写依頼をする方法もある。

● データを直接に入手する ●

　先にも述べたように，文献や判例によっては，インターネット等によるデータベースの検索結果から，直接に論文や判決の全文をデータとして入手できるものも多くなっている。個人で自由に論文や図書のデータを閲覧・入手できるものとして，「国立国会図書館デジタルコレクション」（http://dl.ndl.go.jp/）は，国会図書館が収集・保存するデジタル資料（デジタル化した図書類や電子書籍・電子雑誌）を検索できるサービスで，著作権保護期間が経過したものは全文を閲覧することができる（前頁の「国立国会図書館サーチ」の検索結果に該当するものがあればリンクがある）。また，大学の紀要に掲載された論文については，各大学が開設している「機関リポジトリ」で全文をダウンロードすることができる。

大学が出版社や商業用データベース会社と契約を結んでいると，デジタル配信されている雑誌や図書を利用することができる。大学が結んだ契約の内容により利用できる対象・場所は異なるが，『ジュリスト』や『法律時報』『判例タイムズ』『法学教室』『法学セミナー』『NBL』といった主要な法律雑誌は，最新号も含め，大学や自宅のパソコンで閲覧・入手ができる。

　こうしてパソコンを通じて得られたデータ情報は，画面をコピーやプリントアウトするとか，データをダウンロードするなどして全文を入手することになる。もっとも，入手したデータを直接コピーして自身のレポートに貼り付けるような使用をすることには，大きな問題がある。この点については，次の3であらためて述べることにしよう。

● データを管理する──個人の文献データベース作成 ●

　文献情報の管理を支援するウェブベースのサービスとして「RefWorks」というものがある。RefWorksでは，図書館の蔵書検索システムや各種文献データベースから検索結果を取り込んで，個人の文献データベースとしてさまざまな書式で保存・整理することができる。保存しておいたデータは，論文などの文書作成時には文中に注を付して引用したり，文書の末尾に参考文献として掲げるのに用いることができる。また，作成した文献リストを特定のメンバーとウェブ上で共有することもできる。RefWorksの利用方法について，詳しくは各大学の図書館やウェブで説明がされているので，そちらを参照してほしい。

● 資料収集は芋づる式に ●

　入手した法情報を読み進めていくと，そこには，まだ手に入れていない新たな文献や判例の情報も出てくることだろう。そのなかで重要と思われるものについては再び所蔵を調査して入手する，ということを繰り返していって，法情報の量を増やしていこう。重要なものと評価されている先行研究や判例は，多くの文献で引用され，言及がなされている。したがって，文献等に関しては，なるべく新しいものから読むようにし，そのなかでの引用のされ方や頻度といったものから，過去の研究や判例の評価を一定程度おしはかったうえで，徐々に遡って法情報を集めていくのが効率的だろう。

3　法情報を評価・活用する技能と作法

● 法情報を正しく評価する ●
　法情報を調査していくと，さまざまな媒体から多種多様な情報が集まってくる。しかし，そうやって情報媒体（メディア）を通じて得られる情報には，何かしらの嘘や誇張，情報発信者の偏った見方に基づくものが含まれていたりする。誤っているかもしれない，偏った見方かもしれない情報を，すべて鵜呑みにして利用するようでは，物事を正確に把握することができなくなるし，当然きちんとしたレポートなどできようはずもない。そもそも，法律の学習で求められる説得的・論理的な思考は，物事を冷静かつ客観的に，さらには多角的にとらえる姿勢をもっていることが大前提である。情報メディアを主体的に読み解き，情報を正しく評価・識別し，活用できる能力をメディア・リテラシー（media literacy）というが，まさに法律の学習では，こうした能力をもっていることが重要となるのである。

● インターネット情報の危うさ ●
　とりわけインターネット上の法情報については，さまざまな人が，それぞれの背景事情のもとで自由に発信をしたものであるだけに，情報発信の意図・目的などをふまえつつ，情報を正しく評価することが強く要請される。そのためにも，1つの情報媒体に依存するのではなく，なるべく多くの情報に接するよう心がけてもらいたい。少なくとも，発信源の特定できる情報，そして内容に責任をもつ者が明らかにされている情報でなければ，学術的な文書に用いることはできない。
　たとえば，「Wikipedia」は，インターネット上のフリー百科事典として，わからないことを調べるのに気軽に利用できる便利なツールではある。しかし，利用者が自由に執筆できるものであるだけに，発信源が特定されていないのと同じで，内容の正確さはまったく保証のかぎりでない。したがって，ここで得られた情報をそのまま引用するのは避けなければならない。

インターネット上の情報には，現在の状況を反映していない，かなり古い時期の記述がそのまま残されていることも少なくない。その情報がいつの時点のものであるのか，更新日にも気をつけるようにしよう。なお，活字媒体による場合と同様，インターネットから情報を得るときにも，出典（ウェブサイトのURL）は明記しなければならないが，その際にはウェブサイトを確認した日を付記するのが望ましい。

● **データ情報の安直な利用は厳禁！** ●

とりわけデータの形で法情報を得た場合には，データの一部をコピーして，それをそのまま貼り付けて自分のレポートを仕上げていく，などということも簡単にできてしまう。しかし，そうしたことは絶対にやってはいけない。出所を明らかにするための引用もせずに，文書をコピーしてきて自分で書いたかのように見せかけるというのは，泥棒をしているのと一緒で，剽窃は重大な犯罪である。たとえ一般に公開することが予定されていないレポートであっても，決して許されるものではない（第**1**章2(2)参照）。

本来レポートというのは，論理的に一貫した流れで議論を展開させるべきもののはずである。他人の書いた文章をつなぎあわせて作成されたレポートであることなど，読めばすぐにわかってしまう（最近はコピー&ペーストで作成した部分がどれだけあるかを自動的に検出するソフトも利用されている）。思考の流れを示すのがレポートの目的なのであるから，得られた情報をきちんと理解し，分析を加え，自身の力でまとめあげていく，ということを誠実に行ってもらいたい。

Point
・レポート作成の第一歩は情報収集から。膨大な情報のなかからいかにして必要かつ十分な法情報を抽出し獲得できるかが重要な鍵となる。
・法情報の種類に応じたリーガル・リサーチのさまざまな方法を知っておこう。
・データをそのままコピーして使ったり安易なインターネットの利用は厳禁！
・情報を見極める力，情報を取り扱う作法をしっかり身につけよう。

第7章 法令情報の調査

1 法令とは

法令情報の調査のしかたを述べる前に，法令に関する基本事項をここで確認しておこう。

(1) 法令の種類

法令とは，憲法や法律，条約，命令などの総称である。法令という語の用法はまちまちで，国会（立法府）が制定する法規範である「法律」と，国の行政機関が制定する法規範である「命令」がこれに含まれるほか，より広義には，地方公共団体が制定する法規範である「条例」や「規則」，最高裁判所が制定する法規範である「最高裁判所規則」，さらには，上級官庁が下級官庁に対して発する命令である「訓令・通達」などを含めて法令とよぶこともある。

● 国の法令 ●

国の法令には，国家の基本秩序を定める根本規範である「日本国憲法」，国家間や国際機構間での合意された規範である「条約」，国会の議決により制定される規範である「法律」があるが，このほか，国会以外が定める国の法令としては次のようなものがある。

① **命令** 憲法や法律の規定を実施するため，法律の範囲内において行政機関が制定する規範の総称。命令には，内閣が制定する成文法で，法律の実施に必要な細則や法律が委任する事項を定める「政令」，内閣府の長としての内

閣総理大臣が発する「府令」，各省大臣が発する「省令」がある。このほか，命令には，内閣府や各省に外局として置かれている委員会や各庁の長官が発する規則，庁令等もあり（たとえば会計検査院規則，人事院規則，国家公安委員会規則など），これらは政令や府省令の同列ないし下位に位置づけられる。

② **議院規則**　衆議院・参議院おのおのが定める成文法であり，議院における会議その他の手続および内部の規律について定める。

③ **最高裁判所規則**　最高裁判所が，裁判官会議の議に基づき制定するもので，訴訟に関する手続，弁護士，裁判所の内部規律および司法事務処理に関する事項について定める。

● 法令に準ずるもの：訓令・通達など ●

行政上の取扱いの統一性を確保するべく，行政諸機関が，管轄の下位機関に対して，法令の解釈や運用，取扱いの指針などを伝えるために発するのが，訓令や通達である。行政機関内部でしか効力をもたないので，厳密にいうと法令に属するものではない。そのため，通達等で示された法令の解釈は司法の判断を拘束しないが，行政解釈を知る手段として重視される。民事法の分野では，とりわけ不動産登記実務において，通達は重要な役割を担っている。

● 地方公共団体の法令 ●

地方公共団体の法令としては，地方公共団体の議会が制定する「条例」と，地方公共団体の長や委員会（公安委員会，教育委員会，選挙管理委員会等）において制定する「規則」とがある。

● ● (2) 法令の制定 ● ●

法律の制定過程を知ることは，立法趣旨や制定の背景を調べるうえで重要となる。法律案には，国会議員から発議される議員提出法律案と，内閣から提出される内閣提出法律案とがある。以下では，内閣提出法律案の策定までの流れを概観しておこう（図表7-1参照）。

図表 7-1　内閣提出立法の制定過程

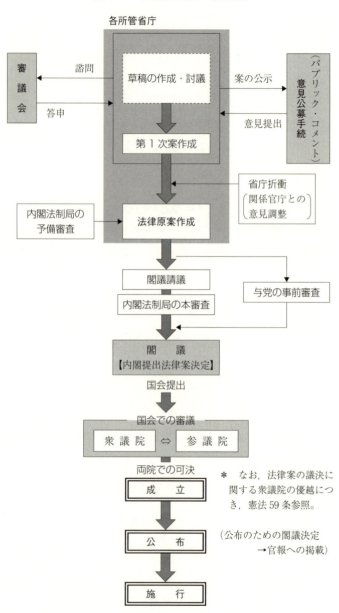

* なお，法律案の議決に関する衆議院の優越につき，憲法 59 条参照。

（公布のための閣議決定
　→官報への掲載）

● **法律案の作成** ●

　内閣提出法律案の原案作成は，それを所管する各省庁において行われる。各省庁は施策実現に必要となる新たな法律の制定や，既存の法律の改正，廃止の方針をたて，関係省庁との意見調整や，審議会に対する諮問，意見聴取等を行いつつ法律案の原案を作成する。

　　◆ Column　**法務省・法制審議会** ◆

　基本法制の維持・整備を主たる任務とするだけに，法務省による立法動向は，法律学上もしばしば注目の対象となる。その法務省の法律原案の立案過程において重要な役割を担っているのが，法制審議会である。法制審議会とは，法務大臣の諮問に応じて，民事法，刑事法その他法務に関する基本的な事項を調査審議すること等を目的として法務省に設置された審議会の1つである。法制審議会には，法務大臣による個別の諮問を受け総会の決定に基づき設置されるいくつかの部会があり，ここで法律案作成に向けた具体的な審議が重ねられている。最近設置された部会には，民法・不動産登記法部会，特別養子制度部会，戸籍法部会，少年法・刑事法（少年年齢・犯罪者処遇関係）部会，生殖補助医療関連親子法制部会といったものがある（法務省ホームページ〔http://www.moj.go.jp/shingikai_index.html〕参照）。

　　◆ Column　**パブリック・コメント** ◆

　パブリック・コメント（Public Comment：意見公募手続）とは，行政機関が法令の設定，改廃等をしようとするときに，原案を事前に公表してひろく国民から意見や情報提供を求め，フィードバックを行うための制度で，1999年から全省庁に導入されている。省庁は法律案を関係資料とともにホームページで公開し，1か月程度の募集期間の間に国民からの意見や情報を集める。寄せられた意見はホームページで公表されることもあり，立法時の議論状況の一端をうかがうことができる（検索の方法については，後出3(1)参照）。

　各省庁の立案したすべての法律原案は，閣議に付される前に，内閣法制局において，憲法その他の法律と抵触したり矛盾したりしていないか，条文の表現や配列，用語の誤りはないか等々，綿密に審査される。なお，議員提出法律案の作成にあたっては，衆議院法制局，参議院法制局が，それぞれの議院に所属する議員の立案に協力し，法律案の起草のために必要となる調査や起草等を行

っている。

● 国会での審議・表決 ●

閣議決定された法律案は，内閣総理大臣から国会（衆議院または参議院）に提出される。法律案が衆議院または参議院に提出されると，まずは委員会で，次いで本会議で審議される。法律案が可決されると，他の議院に送付され，同様に審議，表決が行われる。法律案は，原則として衆議院および参議院の両議院で可決したときに法律となる。

● 法律の公布・施行 ●

法律が現実に発効し，作用するためには，それが公布される必要がある。公布とは，成立した法律を一般に周知させる目的で，国民が知ることのできる状態に置くことをいい，官報に掲載されることによって行われる。なお，公布されるときには，法律に法律番号が付されることになっており（たとえば，民法なら「明治29年法律第89号」，消費者契約法なら「平成12年法律第61号」など。六法では法律名の近くに「明治29法89」のように記されていることが多い），法律を識別するのに用いられることもある。

法律の効力が一般的，現実的に発動し作用することを，施行という。公布された法律がいつから施行されるか，施行期日については，通常，その法律の附則で定められている。

● 施行法・施行令など ●

法令の末尾にある附則には，上に述べたように，施行期日に関する定めが置かれているほか，法律の改正が行われた場合では，新制度への移行を円滑に行うための経過措置や，新旧法令の適用関係を明確にするための定めも置かれている。たとえば，借地借家法の附則では，同法の施行後も，条文によっては，なお旧借地法や旧借家法の効力が存続する旨が定められている（なぜ廃止されたはずの借地法や借家法が六法に載り続けているのかも，これを見れば理解できるだろう）。附則も法令の重要な構成部分なのである。

法律によっては，その施行のために必要な諸規定をまとめた「施行法」が別

途制定されることもある。民法施行法には，1898（明治31）年の民法施行前に存在していた制度との効力関係を明らかにしたり，民法の解釈関係を補足したりする定めが置かれている（民法の改正がされると，当該事項の施行に関する事項を定めるために，必要に応じて民法施行法もその都度改正される）。

　なお，頻繁に内容が変わるような細かな事柄についてまで，国会での法改正によらなければ変更できないとするのは，支障が大きい。そこで，法律の定めた事項のなかの具体的な内容については，「施行令」（内閣が出す政令）や「施行規則」（各省庁による省令）によって定める方法がとられることもある。

法令を収録する資料・法令情報

●●　(1)　現行の法令を知る　●●

● **六法・法令集** ●

　法律を見るのに欠かせないのが「六法」である。六法にはさまざまな種類があるが，収録する法律の数を絞ってコンパクトな分量でまとめられたもの，主要な法律の条文に関連判例が付されたものなどは，法学部生にとってもなじみの存在であろう。『六法全書』（有斐閣）は，印刷体の六法としては最大のもので，800を超える法令を収録している。手持ちの六法に載っていない法令は，これを見るとよいだろう。

　ところで，六法のなかにはデジタル化されているものもある（CDやDVDに収められているものと，インターネット経由でパソコンやスマートフォンなどで利用できるものとがある）。たとえば，印刷体の『六法全書』の購入者は，創刊された1957（昭和32）年版から最新年版まで，すべての六法全書の各ページをPDF形式により閲覧できる「六法全書電子版」閲覧サービスが無料で受けられる。また，『模範六法』（三省堂）については，CD-ROM版が発売されている。

● 法令データベース ●

　法令についても，さまざまなデータベースがあり，キーワード検索や法令間の引用関係を調べられたり，過去の法令情報を得られるものもあったりするなど，それぞれに便利な機能を有している。たとえば，「民法以外の法律で定められている先取特権にはどのようなものがあるか？」といったことも，法令データベースでキーワード検索をすれば簡単に調べることができる（ただし，先取特権の内容を定めていても，先取特権という語が使われていない場合はヒットしなかったりするので，その点は留意が必要である）。

　総務省の「電子政府の総合窓口 e-Gov［イーガブ］」の「法令検索」（https://elaws.e-gov.go.jp/search/elawsSearch/elaws_search/lsg0100/）は無料で公開されており，個人で自由に使える非常に便利なものである（図表7-2参照）。公布されているが未施行の法令や改正条文も表示させることができる。また，2001（平成13）年4月1日以降のものであれば，廃止法令も検索ができる。

　このほか，有料のデータベースとしては，「Westlaw Japan」（ウェストロー・ジャパン），「D1-Law.com」（第一法規），「Super 法令 Web」（ぎょうせい）などがあり，それぞれに異なる特性をもつ。自分の大学で何が使えるのかは，図書館や情報センターなどで尋ねてみよう。

● 法令ウェブサイト ●

　インターネットで法令の条文を参照できるサイトも，官公庁が提供するものから個人が作成したものまで種々存在する。そのうち，法令調査に有用なものとしては，次のものがある。

　衆議院の「立法情報」のなかの「制定法律」（http://www.shugiin.go.jp/internet/itdb_housei.nsf/html/housei/menu.htm）は，1948（昭和23）年の第1回国会以降に制定された法律を，制定回次別にまとめたもので，過去の法律条文も見ることができる。また，裁判所の「規則集」（http://www.courts.go.jp/kisokusyu）では，「e-Gov 法令検索」に収録されていない最高裁判所規則を見ることができる。著作権情報センター「著作権データベース」（http://www.cric.or.jp/db/）には，著作権関係の法令や条約が集められている。

図表 7-2　電子政府の総合窓口　e-Gov
法令検索のトップ画面

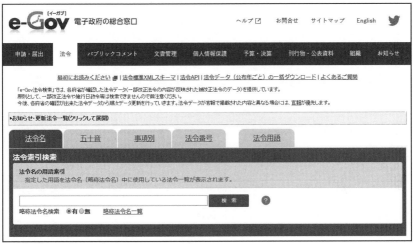

＊「電子政府の総合窓口 e-Gov」には，「法令検索」のほか，後述する「パブリックコメント」などのコーナーもある（本画面上部にあるタブをクリックすれば移動できる）。

「民法」の条文を表示させた画面

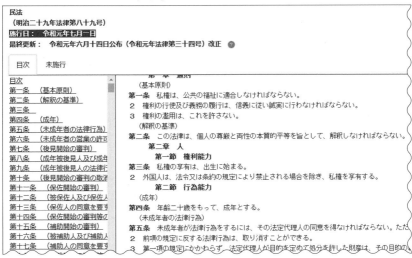

＊左側に「目次」，右側に条文が表示される。「目次」タブの右にある「未施行」タブをクリックすると，公布後，未施行の改正条文が表示される。

193

● 官報と法令全書 ●

　法令の原典となっているのが，『官報』と『法令全書』である。
　『官報』は，国の作用に関わる事項の広報，公告をするために発行される国の機関紙である。1883（明治16）年の発刊で，休日を除き毎日発行されている。法律，政令，条約等の公布は官報によって行われるため，法令の条文を最も早く知ることのできる資料となる。官報は，ここ数年分のものについてはウェブサイトで無料公開されており（http://kanpou.npb.go.jp/），また，有料ではあるが，官報の情報を検索できるデータベース「官報情報検索サービス」（https://search.npb.go.jp/）もある。
　『法令全書』は，官報で公布または公示された事項を法令ごとに編集したもので，毎月発行されている。創刊は1885（明治18）年であるが，官報が発行される前の1867（慶応3）年以降の法令も収録されている。

●● (2) 過去の法令を知る ●●

　判例や論文のなかには，廃止や改正がされて現在は効力をもたない法令が適用ないし言及されていることもある。そうした場合には，当時の法令の条文を参照する必要がでてくる。現在の六法には載っていない旧法令を調べる方法として，まず思いつくのは，当時の六法を図書館で（あるいはデジタル版六法で）見る，ということであろう。しかし，現在は各種データベースによって，より簡単かつシステマティックに旧法令を調べることが可能となっている。

● 法令沿革を調べる ●

　旧法令を調べるには，制定，改正，廃止，失効など，当該法令の沿革を確認することから始めるとよい。現行法令，廃止・失効法令の沿革を調べるのに非常に便利な無料のデータベースとして，国立国会図書館の「日本法令索引」（http://hourei.ndl.go.jp/SearchSys/）がある（図表7-3参照）。1886（明治19）年以降の各種法令について，制定，改廃経過等の情報を検索することができるばかりでなく，検索結果の画面からは，前述の衆議院「制定法律」のデータベースにリンクが貼られていて，国会における審議経過や成立した法律の条文情報も

図表 7-3 「日本法令索引」のトップ画面

日本法令索引
国立国会図書館

文字サイズ変更 小 大

| トップ | 現行法令 | 廃止法令 | 制定法令 | 法律案 | 条約承認案件 | 横断検索 |

原則として、明治19年2月公文式施行以降の省令以上の法令について、制定・改廃経過等の情報を検索できるデータベースです。
また、帝国議会及び国会に提出された法律案や国会に提出された条約承認案件等の審議経過等も検索できます。

法令索引

現行法令
現在効力を有する法律、政令、府省令等を検索できます。

廃止法令
廃止・失効した法律、政令等を検索できます。

制定法令
制定された法令（新規制定・全部改正・一部改正・廃止等）を検索（一部改正・廃止法令は法律・政令のみ）できます。

法案索引

法律案
法律案を検索できます。

条約承認案件
第一回国会（昭和22年）以降の条約承認案件を検索できます。

横断検索
現行法令・廃止法令あるいは現行法令・廃止法令・法律案を同時に検索することができます。

メンテナンス情報

【5月28日（火）更新】 平成31年4月1日現在のデータに更新しました。

リンク

「日本法令索引〔明治前期編〕」（国立国会図書館）	慶応3年10月大政奉還から明治19年2月公文式施行に至るまでに制定された法令の索引情報が検索できます。
「国会会議録」（国立国会図書館）	第1回国会（昭和22年5月）からの国会会議録情報を検索することができます。
「帝国議会会議録」（国立国会図書館）	帝国議会の会議録情報を検索することができます。
「リサーチ・ナビ 政治・法律・行政」（国立国会図書館）	政治・法律・行政分野に関する情報、および国立国会図書館の主に議会官庁資料室で所蔵する国内外の議会資料、法令資料、官庁資料、国際機関資料の概要をご紹介します。また、これらの情報がインターネット上で提供されている場合には、そのURLもご紹介しています。

（国立国会図書館ウェブサイトより）

直接参照することができる。また，1952（昭和27）年以前に公布された法令については，公布されたときの『官報』の紙面を画像ファイルで見ることができる。また，現行法であれば，前述の総務省「e-Gov法令検索」へもリンクされている。

なお，「日本法令索引」のトップ画面からは，「日本法令索引〔明治前期編〕」（1867〔慶応3〕年から1886〔明治19〕年までに制定された法令の索引情報が検索でき

るサイト）のほか，立法時の議論状況を知るための資料となる後述3の「国会会議録」「帝国議会会議録」や，「議会官庁資料室」などへのリンクも貼られている。

● 旧法令集 ●

前述した各種の法令データベースでも，過去の法令について，それぞれ一定の範囲で検索することができるが，失効した法令を集めた印刷体のものとしては，次のようなものがある。我妻栄編集代表『旧法令集』（有斐閣，1968年）は，主要な120件の法令・資料について，廃止・失効する直前の条文が収録されている。また，江頭憲治郎ほか編『旧法令集——平成改正版』（有斐閣，2012年）は，平成期に改正のあった法令のうち，重要な改正前規定を44件収録する。会社法関係では，淺木愼一編『会社法旧法令集』（信山社，Ⅰ・2006年，Ⅱ・2008年）がある。現代法制資料編纂会編『明治「旧法」集』（国書刊行会，1983年）には，明治期の商法，民法，刑法等が収められている。

3 法令の制定過程・立法趣旨を調べる

法令の立法趣旨を知るためにも必要となる文献の調べ方については，第9章で詳しく取り上げるが，ここでは，比較的新しい，あるいは現在進行中の立法に関する情報収集のしかたを説明しておこう。

●● (1) 法律案作成の情報・国会審議の状況を知る ●●

● 省庁での法律原案作成に関する情報 ●

先に述べたように，内閣提出法案では，所管の省庁が法律原案を作成するが，その過程で開かれる審議会等については，議事録が作成され，公開されている。これらは，立法をめぐる議論を知るうえで重要な情報となる。たとえば，法務省のサイトでは，法制審議会における審議状況や議事録を閲覧することができる（http://www.moj.go.jp/shingi_index.html）。

また，法案作成にあたってはパブリック・コメントが実施されることがあるが（189頁），各省庁のウェブサイトにはパブリック・コメントのコーナーが設けられており，ここで意見募集や結果公表がされている（法務省については，http://www.moj.go.jp/hisho/soshiki/public_index2.html）。前述した総務省の「電子政府の総合窓口 e-Gov」には，パブリック・コメント制度についての説明があるほか，各省庁の行っている意見募集中案件や結果公示案件についての検索画面も設けられている（https://search.e-gov.go.jp/servlet/Public）。

● 立法過程についての公刊物 ●

重要な法律に関しては，審議会の議事録や配付資料，あるいはパブリック・コメントに向けた中間試案や関連資料が出版されることもある。

明治期の現行民法典の制定についていえば，法典調査会（内閣に設置されていた法典の起草・審議・編纂を行う機関）における審議内容は，『法典調査会民法総会議事速記録』『法典調査会民法主査会議事速記録』『法典調査会民法議事速記録』『法典調査会民法整理会議事速記録』（日本学術振興会版）としてまとめられており，「国立国会図書館デジタルコレクション」（第 **6** 章 2 ⑵）等でも公開されている。なお，研究プロジェクト「法律情報基盤」には明治期の民法の立法沿革に関する史料が集成されている（http://www.law.nagoya-u.ac.jp/jalii/meiji/civil/）。

2017 年の民法（債権法）改正に関するものとしては，商事法務編『民法（債権関係）の改正に関する中間試案（概要付き）（別冊 NBL143 号）』（商事法務，2013 年），商事法務編『民法（債権関係）部会資料集第 1 集〜第 3 集』（全 27 巻）（商事法務，2011〜2017 年）等がある。

● 法律案・国会審議の情報 ●

最近の内閣提出法律案については，内閣法制局のウェブサイト「最近の法律・条約」（http://www.clb.go.jp/contents/index.html）で，国会へ提出された法律案の提出理由を知ることができる。検索結果の画面からは，法律原案を作成した省庁の国会提出法律案を掲載するウェブにリンクが貼られており，そちらに入ると法律案要綱や法律案，理由，新旧対照条文などの詳細な情報が得られる。

なお，各省庁が国会に提出した法律案へのリンクが集められたサイトとして，総務省の「電子政府の総合窓口e-Gov」内に設けられた「所管の法令・告示・通達等」（https://www.e-gov.go.jp/law/ordinance.html）がある。法務省にも「国会提出法案など」のサイトがある（http://www.moj.go.jp/houan1/houan_index.html）。

国会の審議記録をみると，法律案の提出者の行った趣旨説明や提案理由の発言などを知ることができる。国立国会図書館「国会会議録検索システム」（http://kokkai.ndl.go.jp/）は，1947（昭和22）年の第1回からの国会会議録について，キーワードや発言者名等を入力したり，回次・会議名・日付を指定するなどして検索し，閲覧することができる。なお，同サイトにもリンクが貼られているが，帝国議会の会議録情報については，国立国会図書館「帝国議会会議録検索システム」（http://teikokugikai-i.ndl.go.jp/）で同様に調べることができる。

● 最新の立法動向を知る ●

法律雑誌である『ジュリスト』『法律時報』『法学セミナー』などには，最新の立法を紹介するコーナーがある。

● ● (2) 法律の立法趣旨を調べる ● ●

● 立案担当の行政官による解説 ●

近年の内閣提出法律案にかかる法律については，立案を担当した行政官が立法趣旨を解説する記事を執筆していることが多い（『NBL』『時の法令』『法律のひろば』『金融法務事情』といった法律雑誌に掲載されたりしている）。立案担当者による法令解説は単行本として刊行されてもいる。編著者が「法務省民事局参事官」等の肩書であったり，編者が「法務省民事局」名であるものがそうである。商事法務から出版されているこの種の書籍は，担当行政官の編著で『一問一答○○』という書名になっていることが多い（たとえば，堂薗幹一郎＝野口宣大編著『一問一答 新しい相続法』，内野宗揮編著『一問一答 平成30年人事訴訟法・家事事件手続法等改正』，笹井朋昭＝木村太郎編著『一問一答 成年年齢引下げ』〔以上2019年〕，筒井健夫＝村松秀樹編著『一問一答 民法（債権関係）改正』〔2018年〕，岡山忠広編著

『一問一答 被災借地借家法・改正被災マンション法』〔2014年〕，飛澤知行編著『一問一答 平成23年民法等改正』〔2011年〕など。出版社が商事法務以外であったり，書名が「一問一答○○」でないものの例として，萩本修＝仁科秀隆編著『逐条解説 電子記録債権法』〔商事法務，2014年〕，法務省民事局参事官室編『Q&A 新しい借地借家法50のポイント』〔金融財政事情研究会，1992年〕など）。

　こうした立案担当者の執筆したものを含め，法律雑誌に掲載された法令解説の記事を検索できる無料のデータベース「新法・改正法解説記事書誌情報検索（R-LINE）」（http://www.ryukoku.ac.jp/apps/opac.lib.ryukoku.ac.jp/rline/）が，龍谷大学図書館のウェブサイト上に開設されている。

● 条文解説の文献を見る ●

　法令の立法趣旨等については，教科書や体系書，解説書といったさまざまな文献でも言及されている。とくに逐条解説方式がとられている『注釈民法』のような文献（注釈書）であれば，各条文ごとに趣旨や解釈が示されているので便宜であろう（詳しくは第**9**章1を参照のこと）。

第8章 判例情報の調査

1 判例を収録する資料と多様な探し方

本章では,書籍,雑誌,データベースを用いた判例検索のしかたを説明しながら,関連情報についての解説を行う。その前にまず,判例情報に関する基本事項を確認しておこう。

● 判例を収録する資料 ●

判例は,大きく分けて,公式判例集,雑誌,判例検索データベースに収録されている(詳細は2以下で解説する)。

公式判例集には,重要度の高い判例が厳選して掲載されている。最高裁判所の判例を掲載する『最高裁判所民事判例集』『最高裁判所刑事判例集』がその代表だが,すべての判例が掲載されているわけではないため,探している判例が掲載されていない場合がしばしばある。

また,民間の出版社が発行する,判例全文を掲載する雑誌も存在する。『判例時報』,『判例タイムズ』がその代表例である。全審級を対象に,公式判例集に掲載されない判例も,独自の基準により多数掲載されており,とくに公式判例集に掲載の少ない下級審裁判例に関しては,貴重な情報源となっている。

現在のように,データベースが整えられ,パソコンが普及する前は,判例集や雑誌の索引号や,D1-Law.com(第一法規)のもととなっている『法律判例文献情報』(冊子体)などから検索したり,先行の判例評釈に引用されている文献をメモして情報を収集するしかなかった。現在では,データベースを用いることによりこれらの手間を大幅に簡略化することができ,情報検索が非常に便

利になっている。近年では，データベースは単に検索のためだけのものではなく，データベースにしか掲載されていない判例も多数存在し，重要な資料となっている。

代表的な判例検索データベースとしては下記のようなものがある。いずれも有料であるが，大学で契約し，学生の利用に供しているところも多い。後述するように，検索パターンには多様なものがあるが，各社とも複雑な検索方法に対応できるように作られているので，上手に利用してほしい。

図表8-1　代表的な有料判例検索データベース

LEX/DB インターネット TKC 法律情報データベース
D1-Law.com 第一法規法情報総合データベース判例体系
LLI/DB 判例秘書 INTERNET
Westlaw Japan 日本法総合オンラインサービス

● さまざまな探し方 ●

判例を検索する場面としては，大きく，①目的とする判例が決まっており，それを検索する場合と，②報告すべきテーマや条文が決まっており，それに関する判例を検索する場合がある。

①　**検索したい判例が決まっている場合**　この場合，最も単純なのは，図書館に行って，その判例が掲載されている判例集あるいは雑誌を見る方法である。ただこれだと，第1審・控訴審や判例評釈の所在などの関連情報を入手することができない。当該の判例を読みたいというだけであればそれでよいが，ゼミなどで判例について報告する場合には，この方法では足りない。これらの情報を併せて入手するには，判例検索データベースを利用するのが便利である（2(1)で解説する）。

②　**報告すべきテーマや条文が決まっており，それに関する判例を検索する場合**　この場合にはいくつかの方法が考えられる。まず，最も簡単なのは，比較的厚い教科書・体系書の該当箇所に引用されている判例をピックアップすることである。しかしこれではさすがに数が少ないため，個人的な調べ物としてはともかく，ゼミなどでの報告には適さない。

そこで，もう少し詳しく調べるために，ある程度の数の判例を取り上げてまとめた書籍の該当項目から，判例をピックアップする方法がある。そのような書籍として，『別冊ジュリスト判例百選』シリーズ（一定の期間ごとに重要な判例を法分野ごとに教材としてまとめたもの。民法分野のものとしては『民法判例百選Ⅰ，Ⅱ，Ⅲ』があり，定期的に改訂されている），『論点体系判例民法（全10巻）』（第一法規），『判例総合解説』シリーズ（信山社）といったものがある。また，『注釈民法』『新版注釈民法』『新注釈民法』（いずれも有斐閣）のような注釈書や，『民法典の百年（全4巻）』（有斐閣）などの判例の変遷を取り扱った研究書にも，判例に関する情報が詳しい。

　さらに多くの判例を集めたい場合や，上記の書籍が出版された以降の判例を検索したい場合には，判例検索データベースを利用するのが便利である。ただ，検索結果が膨大な数になることもあるため，複数のキーワードを用いたり，検索期間を限定するなどして，めざす判例を絞り込むようにしたい（2(2)で解説する）。また，書籍としては，『法律時報臨時増刊　判例回顧と展望』（日本評論社。毎年6月に発行。1年分の判例を概観したもの），『民事判例』（日本評論社。年2回発行。半年分の判例の概観，判例評釈，巻頭論文からなる）が，一定期間内に出された裁判例を分野ないし論点ごとに整理し，簡潔なコメントを付している。

● **判例の表記の意味** ●

　この後，データベースを用いた裁判例の検索方法を紹介するが，その前に，裁判例の表記の意味を確認しておこう。**第1章**2(4)で示したように，判例・裁判例は，①裁判所名，②判決・決定の別，③年月日，④出典の順に表記される（出典の表記については3で解説する）。たとえば，**第2章**1(4)図表2-3で扱った最一小判平成8年4月25日民集50巻5号1221頁は，下記のような意味である。

図表8-2　判例・裁判例の表記の意味

最一小判平成8年4月25日民集50巻5号1221頁
　→最高裁判所第一小法廷平成8年4月25日判決・最高裁判所民事判例集50巻5号1221頁掲載

2 データベースによる判例の検索

● さまざまな検索パターン ●

データベースによる判例の検索方法には、「何によって判例を特定するか」によって多様な検索パターンがある。そこで、実際に用いられることの多い検索パターンを挙げておこう。

図表8-3 用いられることの多い検索パターン

① 裁判年月日や掲載誌による方法（例：「最一小判平成8年4月25日民集50巻5号1221頁」の判決を探す）
② 条文番号による方法（例：「民法95条」に関する判決を探す）
③ テーマなどのキーワードによる方法（例：「暴利行為」に関する判決を探す）
④ キーワード＋裁判年月日または裁判のあった期間による方法（例：「暴利行為」に関する「平成29年4月1日から平成31年3月31日まで」に言い渡された判決を探す）

本章では、多くの大学で学部生の利用が可能な LEX/DB を活用して、判例および判例評釈を検索する方法を解説する。その他のデータベースの場合もおおむね同様の検索方法なので、参考にしてほしい。

なお、データベースを用いることによって多くの情報を短時間で集めることができるが、いくら便利でも、何事にも完全というものはないので、データベースを用いて入手した文献から芋づる式にたどったり、1で述べた書籍から検索する方法も併用して情報を入手する労をいとわないでほしい。

● ● ● (1) 検索したい判例が決まっている場合の検索方法 ● ●

● 判例検索の実際 ●

では、最一小判平成8年4月25日民集50巻5号1221頁を検索してみよう。
① LEX/DB にログインし、「判例総合検索」をクリックすると、下記のような検索画面が現れるので、「裁判年月日」欄の「裁判日の指定」にチェック

を入れ，年月日を入力し，「最高裁判所」という部分にチェックを入れ，右上の「検索開始」ボタンをクリックする。

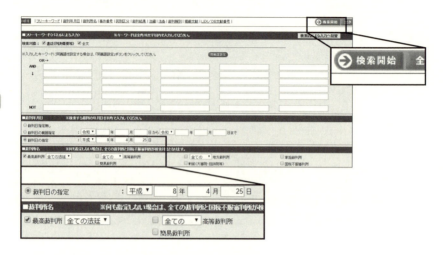

② 2件ヒットするが（2019年5月11日現在），判例の要旨を読むと，目的の判例は一番上にあることがわかるので，右端の「書誌」をクリックする。

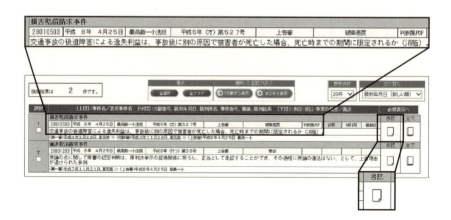

③ 次のような書誌画面が表示される。

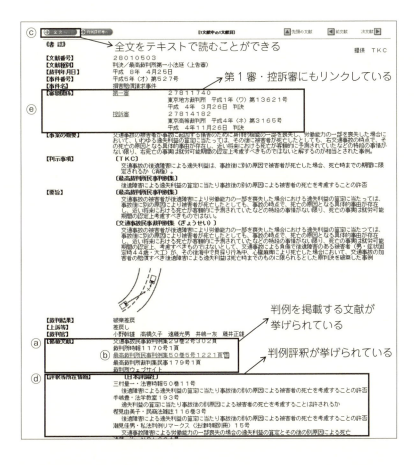

● 書誌画面の見方 ●

書誌画面下方の「掲載文献」(ⓐ) の項目を確認すると，「最高裁判所民事判例集 50 巻 5 号 1221 頁」(ⓑ) と記載されているので，これがめざす判例であることがわかる。さらに，この「最高裁判所民事判例集 50 巻 5 号 1221 頁」という部分をクリックすると，最高裁判所民事判例集（民集）の該当ページが PDF 形式で表示されるので，これを印刷したり，ダウンロードすることができる。また，画面上部の「全文へ」(ⓒ) をクリックすると，全文を画面に表

205

示することができる（出典の意味と表記については 3 で解説する）。

「掲載文献」の下には，「評釈等所在情報」（ⓓ）という欄があり，ここに当該判例についての判例評釈が挙がっている（判例評釈の種類や性質の違いについては 4 で解説する）。

また，書誌画面上方の「審級関係」欄（ⓔ）からは，「第 1 審」および「控訴審」の書誌画面に進むことができ，これらについても，これまで説明した方法で，裁判例の原文や判例評釈を見ることができる。

●● (2) 報告すべきテーマや条文に関する判例を検索する場合の検索方法 ●●

● 複数の検索条件の活用 ●

論点名や条文番号だけで検索すると膨大な数の判例がヒットするので，この場合は，書籍や雑誌による検索を併用したり，データベースの検索パネル画面で複数の検索条件を用いて検索するのが適切である。

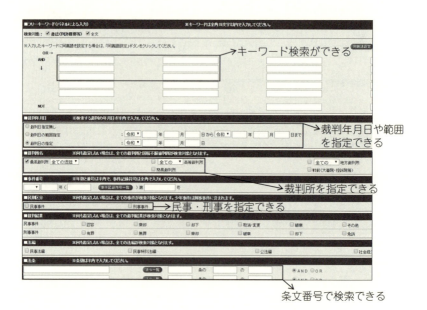

たとえば、「暴利行為」に関する判例を検索する場合には、ある程度の時期までの分は書籍による検索方法を用い、書籍にまだ載っていないごく最近の平成29年4月1日から平成31年3月31日までに言い渡された判例はデータベースで調べるといった方法が考えられる。

実際に、検索パネル画面のフリーキーワード欄に「暴利行為」と入力し、裁判年月日のところに「平成29年4月1日から平成31年3月31日まで」と範囲指定して検索すると、77件の検索結果が表示される。これらの判例のうち、とくに「保証」に関するものを検索したい場合には、検索パネル画面に戻り、フリーキーワード欄に、「暴利行為」の下に並べて「保証」と入力して検索すると（AND検索）、34件の検索結果が表示される（以上の検索結果は2019年11月20日現在）。キーワード検索のコツについては、第6章2(1)も参照してほしい。

 ## 3　判例の出典と表記

● 出典の意味 ●

判例の出典は、それが掲載されている判例集や判例雑誌の名称と巻号頁で表記される。例として、先ほど検索した判例の「掲載文献」(ⓐ)の項目に挙がっている出典について解説しよう。

まず、『交通事故民事裁判例集』とは、交通事故に関する民事判例の中から、実務上、理論上重要なものを選んで掲載した民間の判例集である。

『最高裁判所民事判例集』とは、最高裁判所判例のうち、最高裁判所判例委員会が重要な判例として選んだものを掲載した公式判例集である（刑事事件に関するものが『最高裁判所刑事判例集』である）。

『裁判所時報』とは、最高裁判所事務総局が月2回発行する新聞であり、最高裁の重要判例が言渡しの約1か月後に掲載される。一部の大学等で閲覧が可能である。

『最高裁判所裁判集民事』とは、最高裁判所民事判例集登載判例よりも広く、後日参考になると思われる最高裁判所判例が掲載されたものであるが、あくまで内部資料としての扱いであり、これも一部の大学等で閲覧が可能である。

図表8-4　民事事件において引用されることの多い判例集・雑誌とその略語

判例集	公式・民間の別および掲載期間	略語
最高裁判所民事判例集	公式（1947-）	民集
最高裁判所裁判集民事	公式（1947-）	集民
高等裁判所民事判例集	公式（1947-2002）	高民集
家庭裁判所月報	公式（1949-2014）	家月
労働関係民事裁判例集	公式（1950-1997）	労民集
大審院民事判決録	公式（1895-1921）	民録
大審院民事判例集	公式（1922-1946）	民集（号数を入れない）
下級裁判所民事判例集	公式（1950-1984）	下民集
判例時報	民間（1953-）	判時
判例タイムズ	民間（1948-）	判タ
家庭の法と裁判	民間（2015-）	家判
金融・商事判例	民間（1966-，1976より現誌名）	金判または金商
金融法務事情	民間（1953-）	金法
労働判例	民間（1967-）	労判

　また，裁判所ウェブサイト（http://www.courts.go.jp/）の「裁判例情報」では，最近の最高裁，下級審，知的財産関連の判例が掲載されている。早いときには，言渡しの当日に掲載されることもあり，速報性が非常に高い。

● 出典の略語 ●

　書籍，雑誌，論文などでは，判例集や判例雑誌などの出典は，略語で表示されるのが通常である。たとえば，『最高裁判所民事判例集』は「民集」，『交通事故民事判例集』は「交通民集」，『最高裁判所裁判集民事』は「集民」といった具合である。なお，本書では代表的な略語を挙げているが，書籍や雑誌によって別の表記が行われる場合もあるため，凡例を参照してほしい。

　民事関係で引用されることの多い公式判例集としては，「民集」のほかに，全国の高等裁判所の民事事件に関する裁判を掲載する『高等裁判所民事判例集』（「高民集」と略記），家事事件・少年事件に関する裁判を掲載する『家庭裁

判所月報』(「家月」と略記) があるほか，戦前の最上級審である大審院の裁判を掲載するものとして，『大審院民事判決録』(「民録」と略記。「民録11輯（しゅう）706頁」という形で引用する)，『大審院民事判例集』(これも「民集」と略記するが，通例として号数を入れず，「民集14巻1965頁」という形で引用する) がある。

また，引用されることの多い民間出版社の判例雑誌として，『判例時報』(「判時」と略記)，『判例タイムズ』(「判タ」と略記)，『金融・商事判例』(「金判」または「金商」と略記)，『金融法務事情』(「金法」と略記) がある。これらは，全審級の裁判を収録対象とし，公式判例集に掲載されなかった判例も数多く収録している。

なお，判例を引用する場合には，公式判例集がある場合には，それを優先して引用し，公式判例集に掲載されていない場合には，判例時報または判例タイムズを引用するのが慣例である。

判例評釈の性質の違い

ゼミで判例報告をする場合には，まず，対象となっている判例だけでなく，その控訴審および第1審の裁判例をしっかりと読み込む必要がある（決して『判例時報』や『判例タイムズ』の囲みのコメント欄を読んで済ませないように。また，コメント欄には，参考文献や参考判例が挙がっているが，すべてを網羅しているわけではないので，判例データベースや他の判例評釈を参照して，自分で調査することを怠ってはならない）。それに続いて判例評釈を読むことになるが，その際，各判例評釈の性質の違いについて知っておく必要がある。なお，大学が出版社や商業用データベース会社と契約を結んでいる場合には，デジタル配信されている雑誌の判例評釈を，データベースを通じて入手することも可能である。

● 判例解説 ●

『最高裁判所民事判例集』(民集) に登載された担当判例について最高裁調査官が解説したものを調査官解説という (77頁)。担当調査官は，記録を調査して論点を明らかにしたり，関連する判例や学説を調べ，各裁判官に報告するが，

裁判官が調査官の意見を尋ねることもあるともいわれ，調査官解説は最高裁判決の背景を知るための重要な資料である。この意味で，判例評釈というよりは，それらとは異質の「判例解説」として，必ず参照すべき文献である（そのため「判解」と略記される）。

　調査官解説は，月刊の『法曹時報』（法曹会）という雑誌に掲載されており，これが年度ごとに『最高裁判所判例解説』（民事篇と刑事篇とがある）という書籍にまとめられている。また，調査官解説は，『ジュリスト』（有斐閣）にも「時の判例」として掲載され，平成年間以降は，これを数年おきに集成したものが『最高裁時の判例』として出版されている。なお「時の判例」は，『判例時報』や『判例タイムズ』のコメント欄と重複している場合も多い。

● 学習用の判例評釈・判例教材 ●

　判例評釈の中でも，『法学教室』や『法学セミナー』などの学習者向け月刊誌に掲載のもの（必ずしも「判例評釈」という表題にはなっておらず，「判例セレクト」，「判例から学ぶ」，「最新判例演習室」などの表題になっていることもある）や，『別冊ジュリスト判例百選』シリーズは，学習用に書かれたものであるので，そのような特徴を理解したうえで読む必要がある。基本事項からわかりやすく解説しているものも多く，他の判例評釈や関連文献も挙げられているため，判例報告の際の取っ掛かりとして，まずこれらから読むとよいだろう。

　判例評釈ではないが，判例の紹介に併せて簡潔なコメントを付した書籍も出版されている。それらは，学習に際して裁判例の概略を知るのに便利なほか，鋭い指摘が付されていることも多い。そのような書籍として，『民法 判例30！』シリーズ，『民法判例集』シリーズ（いずれも有斐閣），『新・判例ハンドブック』シリーズ（日本評論社），『判例プラクティス』シリーズ（信山社）などがある。

● 月刊誌，季刊誌の判例評釈 ●

　研究者あるいは実務家向けの判例評釈を掲載した月刊誌，季刊誌も複数出版されている。代表的な冊子体のものとしては，各年度1回発行される『重要判例解説（ジュリスト臨時増刊）』や各年度2回発行される『私法判例リマークス

(法律時報別冊)』(民法・商事法・民事訴訟法・国際私法に関する裁判例を対象とする)がある。後者は、判例の位置づけを示すだけでなく、実務あるいは理論の立場から、あるべき判例を探求する掘り下げた論評が行われている点に特徴がある。その他、『判例評論(判例時報別冊付録)』(『判例時報』の毎月1日号に綴じ込まれている)や、『ジュリスト』の「判例速報」や「判例研究」(各法分野ごとに掲載)も定評のある判例評釈である。

速報性の高いものとしては、『新・判例解説 Watch』(旧名称は『速報判例解説』。LEX/DB で見ることができるほか、毎年4月・10月に合本して冊子体で発行されている)や、『民事判例』(日本評論社)に掲載されている判例評釈がある。

また、『金融法務事情』(通常号のほか、年1回特集号として、『金融判例研究』という評釈冊子を発行している)、『金融・商事判例』、『NBL』などの実務家向け雑誌に掲載されている判例評釈では、理論的な問題点のほか、当該問題の実務的な意義や今後への影響、弁護士や裁判官は当該判決を前提に今後どのように実務を行ったらよいかといった問題がとくに意識されている。そうした実務上の問題点を知りたい場合には、これらの判例評釈が有用である。

● 重要度の非常に高い判例評釈 ●

下記の2つのものについては、重要度のとくに高いものとして、報告の際には最低限必ず当たっておく必要がある。記述は難しく、レベルも高いが、頑張って読んでほしい。

① 『法学協会雑誌』所収の判例研究　　東京大学民事法判例研究会の報告者(研究者、大学院生)により、同研究会での討論をもとに執筆された判例評釈である。

② 『民商法雑誌』所収の判例批評および判例紹介　　最高裁判所民事判例集(民集)に登載された民法・商法などの私法に関するすべての判例については「判例批評」で、その他の重要判例については「判例紹介」で、研究者が評釈している。こちらは研究会などを経たものではない。

● 研究成果としての判例評釈 ●

また、大学紀要にも多数の判例評釈が掲載されているが、これらの判例評釈

は，研究として本格的に書かれたものである。こうした研究者向けの判例評釈は，理論的な問題点について掘り下げた検討を行っているものが多く，記述も難しいため，学習用の判例評釈で議論状況の概略をつかんでから，読み進めるとよいだろう。その他，大学紀要には，判例評釈の形式は採っていないが，判例を素材とした論文も多数掲載されている。

第9章 文献情報の調査

　ここでは，法律学の資料のうち，法令・判例・議会資料を除いた文献の調査の方法を取り上げる。具体的には，法律学のテーマを扱った論文などを掲載している図書や雑誌が対象となる。

　本書ですでに繰り返し述べているように，法律学の議論とその成果は，先人の業績の積み重ねの上に成り立っている。したがって，法律学のテーマについてレポートや論文を書いたり報告をするためには，何よりもまず，先行業績を調査して理解しなければならない（そのうえで，自分がさらに何を付け加えることができるかを考える必要がある）。逆にいうと，先行業績をふまえていなければ，いくら独創的なことを述べても，良い評価は受けられない。その意味で，先行業績に関する文献を調査することは必要不可欠であり，法律学を学ぶ者にとって，ぜひとも身につけなければならない技術だといえる。

1　文献の種類とそれぞれの特徴

　文献の種類として，まず，図書が挙げられる。学生になじみがあるのは教科書や体系書であるが，より専門的になると，研究書，注釈書（コンメンタール），講座，記念論文集なども存在する。次に，大学の発行する紀要や出版社の発行する法律雑誌も，法律学の文献として重要な役割を果たしている。さらに，調査テーマによっては，各種の統計データやアンケート調査の結果を記した統計資料や報告書なども，調査の対象になる。

　これらの文献は従来，印刷物として発行されるものがほとんどだったが，最近では，とくに紀要や法律雑誌に収録された文献はデータベース等で入手でき

る場合も増えている。また，統計資料や報告書も，官公庁のウェブサイト等で手に入れられることが多い。

以下では，文献の種類ごとに，その特徴を概観する。

●● (1) 図　　書 ●●

● 教科書・体系書 ●

①　**教科書**　　教科書は，学生を主な読者と想定して，教育的な配慮を取り入れつつ，その分野の基本事項を概説している。民法でいえば，大村敦志『新基本民法1〜8』（有斐閣）などが典型例である。あるテーマについて調査するには，そのテーマに関する基本的な知識が必要となるが，教科書を読むことでそのような基本的な知識を入手することができる（また，学生向けの演習書も，教科書と同様に，基本的な知識を仕入れるのに役立つだろう）。

教科書には，1人の著者が執筆したもの（単著）と複数の著者が共同で執筆したもの（共著）がある。単著では著者の考えが比較的明確に示されていることが多いのに対して，共著は各著者の個性をあまり出さずに書かれるのが通常である。したがって，著者の考えを知るには，共著の教科書よりも，単著の教科書や次に述べる体系書を調べるのが適切である。

②　**体系書**　　体系書は，学生だけでなく研究者や実務家をも対象として，著者の研究者としての性格をより前面に出しながら，その分野の事項を記述している（教科書としての性格を併せもっていることもある）。民法でいえば，伝統的には我妻栄『民法講義』（岩波書店），最近では潮見佳男『新債権総論ⅠⅡ』『契約各論Ⅰ』『不法行為法ⅠⅡ』（法律学の森シリーズ，信山社）などが挙げられる。

体系書では，教科書よりも詳しい内容が記述されており，また，著者の見解が明確に示されていることも多いことから，調査テーマに関する基本的な知識を深めたり，著者の見解を知るのに大変役立つ。さらに，体系書では参考文献が多く掲載されているのが通常であるため，調査テーマに関するより専門的な研究書や論文などを見つけることもできる。

教科書や体系書としてどのようなものがあるかを調べるには，身近な教科書を数冊眺めてみるとよい。参考文献欄に主な教科書・体系書がリストアップさ

れているだろう。

　なお，法律の条文の起草を担当した者（起草者）が執筆した体系書は，起草者の考え方を探るための資料として，とくに重要視されている。民法典でいえば，梅謙次郎『民法要義』（有斐閣）と富井政章『民法原論』（有斐閣）がこれに当たる。

● 研究書 ●

　研究書は，主に研究者や実務家に向けて，ある研究テーマに関する論文を掲載したものである。これには2つのタイプがある。1つは，1人の著者がこれまでに発表してきた論文を，1冊の本にまとめたものである。発表した当時の論文をそのまま掲載するのではなく，著者の構想に従って，順序を入れ替えたり加筆したり，場合によっては新たな論文を付け加えるなどして，アップデートされた内容になっていることが多い。もう1つは，複数の研究者や実務家が共同で研究してきた成果を，1冊の本にまとめたものである。

　研究書では，ある研究テーマについて，そのテーマを専門とする著者により，従来の判例や学説，立法過程，外国法の状況などが詳細に整理・分析されたうえで，今後の解釈の方向性や立法のあり方などに関する知見が述べられている。とくに，1人の著者が執筆した研究書は，その著者が研究者としての心血を注いで創り上げただけに，水準の高いものが多い。したがって，法律学のレポートや論文を書いたり報告をする際には，最も参照する価値のある文献だといえる。また，研究書には参考文献が詳細に引用されているので，その他の文献を検索するための重要な手がかりにもなる。

● 注釈書（コンメンタール） ●

　注釈書とは，法律の条文ごとに，その条文の立法趣旨，解釈に関する問題状況と判例・学説の動向，外国法の状況などを解説した書物であり，コンメンタールや逐条解説とよばれることもある。民法でいえば，各条文についてかなり詳細な解説を収めている『注釈民法』『新版注釈民法』『新注釈民法』（有斐閣）が代表例であり，研究書や論文においても頻繁に参照されている。そのほかにも，コンパクトな注釈書として，『基本法コンメンタール』シリーズ，我妻栄

215

ほか『我妻・有泉コンメンタール民法』，松岡久和＝中田邦博『新・コンメンタール民法（財産法）』（いずれも日本評論社）などが挙げられる。

調査テーマがどの条文に関する問題であるかがわかっていれば，注釈書の当該条文の解説や参考文献欄を活用することができる。

● 講座・叢書，記念論文集 ●

多数の執筆者が，ある領域の複数の研究テーマについて，これまでの判例・学説の議論や今日の問題状況を分析した論文を作成し，それらの論文が複数冊のシリーズにまとめられることがある。このような書物は，講座あるいは叢書などとよばれる。民法に関連するものとして，『民法講座』『現代契約法大系』『民法典の百年』（有斐閣），『現代契約と現代債権の展望』『新・現代損害賠償法講座』『現代家族法』『新・不動産登記講座』『新借地借家法講座』（日本評論社），『債権法改正と民法学』（商事法務），『金融担保法講座』（筑摩書房），『民法総合判例研究』（一粒社）などが挙げられる。さまざまな法領域を横断する講座として，『基本法学』『現代の法』『現代法の動態』（岩波書店）などもある。

また，講座・叢書に類するものとして，記念論文集がある。これは，○○先生古稀記念論文集，○○先生還暦記念論文集などと名前の付けられたものであり，○○先生の還暦や古稀などを祝うために，その先生にゆかりのある多数の研究者が執筆した論文が収録されている。

これらの講座・叢書や記念論文集では，重要なテーマが幅広く取り上げられているので，調査テーマに関して参考になる論文を見つけられる可能性が高い。論文の水準もそれなりに高く，その他の文献も多く引用されているため，研究書や注釈書と同様に参照する価値が大きにある。

● 外国語文献 ●

卒業論文など一定のボリュームのある論文を書くときには，外国法の状況を詳しく検討するために，外国語で書かれた文献を読まなければならないこともあるだろう。まずは，村上淳一ほか『ドイツ法入門』（有斐閣），滝沢正『フランス法』（三省堂），伊藤正己＝木下毅『アメリカ法入門』（日本評論社）などの入門書を読み，各外国法の文献情報の調べ方を知るとよい。本格的に調べたい

場合には，北村一郎『アクセスガイド外国法』（東京大学出版会），板寺一太郎『外国法文献の調べ方』（信山社）が参考になる。

(2) 紀要・法律雑誌

● 紀　要 ●

　紀要とは，各大学が定期的に発行している，主にその大学に所属する研究者や大学院生が執筆した論文等の研究成果を掲載する冊子である。法律学においても，各大学が法律学の論文等を掲載した紀要を多数刊行している。どのような紀要が公刊されているかは，『法律文献等の出典の表示方法』（法教育支援センターのウェブサイトから閲覧可能〔http://www.houkyouikushien.or.jp/katsudo/pdf/houritubunken2014a.pdf〕）31頁以下の「法学部・法学科等のある大学の紀要」，あるいは，『法律時報』の毎年1月号に掲載される文献略語表から知ることができる。たとえば，本書の執筆者が所属する大学では，『法学研究』（慶應義塾大学），『立教法学』（立教大学），『早稲田法学』（早稲田大学）などが発行されている。

　紀要には，定評ある研究者の論文のほか，新進気鋭の若手研究者による重厚な論文が掲載される。若手研究者が研究者としてデビューするために全力を注いだ論文は，外国法を含む基礎的な研究に基づいており，読み応えのあるものが多い。この種の論文は，調査テーマに関する情報を集めるのに大いに参考になるばかりでなく，皆さんがレポートや論文を執筆するにあたって，問題意識をどのように具体化すればよいか，どのような材料に基づいて何をどういう順番で論じればよいか，などを考えるための重要なヒントや模範にもなる。一読してみるとよいだろう。

● 法律雑誌 ●

　法律学に関する記事を掲載する主な雑誌として，『ジュリスト』，『法学教室』，『法学セミナー』，『法律時報』，『民商法雑誌』，『NBL』，『金融法務事情』，『金融・商事判例』，などがある。法律雑誌にどのようなものがあるかについても，前述の紀要と同様，『法律文献等の出典の表示方法』28頁以下の「学会誌・法

律雑誌，官公庁等の発行誌」，あるいは，『法律時報』の毎年1月号の文献略語表を見ればわかる。

　これらの雑誌には，単発の論文のほかに，時事的な法律問題に関する特集を組んで複数の論文がまとまって収録されることも多い。また，研究者の論文に限らず，実務の問題点や動向などを紹介する実務家による論文や解説，座談会，各種の統計データやアンケート調査の結果などが掲載されることもある。

●● (3) 統計資料等 ●●

　たとえば，婚姻・離婚や養子縁組の件数など，法制度の実態を知るための資料として，官公庁や各種団体が公表している統計資料や報告書が役に立つ。これらは従来，冊子体として発行されていたが，最近では，官公庁や各種団体のウェブサイトで閲覧できたり，PDFファイルやExcelファイルの形でダウンロードできる場合も増えている。また，法律雑誌でも，統計データやアンケート調査の結果が掲載されるほか，実務の実態等を紹介する記事を見つけることができる。

2 文献情報の調査

●● (1) 調査の方法 ●●

　文献情報の調査の方法には，次のものがある。1つの方法だけでは限界があるので，複数の方法を併用するようにしよう（調査の具体例は(2)(3)で取り上げる）。

● 文献から「芋づる式」に調べる ●

　第1に，手っ取り早い方法として，教科書・体系書，講座・叢書，注釈書を確認する方法がある。調査テーマがどの法律に関する問題か，その法律のどの分野に関する問題かがすでにわかっていれば，これらの図書の該当箇所を読ん

で，必要な情報を入手することができるだろう。

　どのような図書があるかは，教科書・体系書をまずは2〜3冊読んで，参考文献の欄に載っているその他の教科書・体系書，講座・叢書，注釈書を調べていくとよい。また，参考文献の欄には，研究書や紀要・法律雑誌に掲載された論文が挙げられていることも多いので，これらを見つけだすことも可能である。このように，1つの文献から他の文献の情報を次々と見つけだしていく方法は，芋づるをたぐるように探すという意味で，「芋づる式」などとよばれている。

● データベースを使って調べる ●

　第2に，調査テーマに関係する図書をより網羅的に探したい場合，および，紀要や法律雑誌などに掲載された論文を探したい場合には，データベースを使用するのが便利である。

　使いやすいものとして，国立情報学研究所（https://www.nii.ac.jp/）のデータベースがある。「CiNii Books」では大学図書館が所蔵する図書の情報を，「CiNii Articles」では論文の情報を，調査テーマに関するキーワード等を入力して調べることができる。また，国立国会図書館（https://www.ndl.go.jp/）のデータベース「NDL ONLINE」でも，同様の方法で図書や論文などの文献情報を検索することができる。そのほかに，大学によっては，「D1-Law.com（第一法規法情報総合データベース）」の「法律判例文献情報」を使用できる場合もあり，同じような検索が可能である。

● 最新の文献情報を調べる ●

　もっとも，上記の芋づる式では，手がかりにする文献よりも古い文献しか見つけることができない。また，データベースを活用しても，アップデートされるまでのタイムラグがあるため，最新の文献情報まではカバーされていない。

　そこで，第3に，最新の文献情報については，『法律時報』の毎月号末尾に掲載される「文献月報」で調べる方法がある。また，『法律時報』の毎年12月号には，法分野ごとに，その年度に刊行された図書・論文を紹介し，簡単なコメントを付した「学界回顧」が掲載される。学界回顧では，研究者の最近の関心がどこにあるか，研究の対象が主にどこに向いているかなどもわかるので，

レポートや論文を執筆したりゼミで報告をする際のテーマ選びの参考にもなるだろう。

●● (2) 調査の実際——芋づる式 ●●

以上の調査の方法をふまえて、文献情報の調査を具体的にやってみる。ここでは、「賃借権の無断譲渡・無断転貸における解除権の制限」が調査テーマになったとしよう（以下で単に「調査テーマ」という場合は、このテーマを指している）。

● Column　実践あるのみ ●

文献情報の調査は、自分で実際にやってみないかぎり、いつまでたっても上達しない。以下の説明を読んでわかった気になっても、それだけではダメである。自分の頭と体を使って試行錯誤するなかで、だんだんと上手に調査ができるようになる。皆さんがレポートや論文の執筆を課されたり、ゼミで報告を割り当てられたときは、その都度、文献情報の調査に積極的に取り組んでもらいたい。

● **基本的知識を仕入れる** ●

調査テーマが「賃借権の無断譲渡・無断転貸における解除権の制限」といわれても、これがどのような問題であるかがわからなければ、調査を進めることもできない。そこで、まずは、身近な教科書に当たって、これがどのような問題であるかを確認するところから始めよう（授業等でこの問題を学習済みのときは、このステップを飛ばしても構わない）。

民法の契約法あるいは債権各論の教科書で、「賃貸借」の項目を見てみよう。あるいは、索引で、「賃借権の無断譲渡・無断転貸」を探してもよい。そうすると、次のような問題であることがわかる。

民法612条1項は、「賃借人は、賃貸人の承諾を得なければ、その賃借権を譲り渡し、又は賃借物を転貸することができない」と規定する。賃借人が賃貸人に無断で賃借権を（物と同じように）他人に譲渡することや、賃貸人に無断で転貸（いわゆる又貸し）することは、禁止されているわけである。そして、同条2項により、「賃借人が前項の規定に違反して第三者に賃借物の使用又は収益

をさせたときは、賃貸人は、契約の解除をすることができる」。つまり、賃借人が無断譲渡・無断転貸をして第三者に賃借物を使用収益させたときは、賃貸人は、賃借人との賃貸借契約を解除してもよいとされている。以上が民法の定めるルールである。

ところが、判例は、同条2項により賃貸人が賃貸借契約を解除できるときであっても、「賃借人の当該行為が賃貸人に対する背信行為と認めるに足りない特段の事情がある場合」には、解除は認められないとしている（最二小判昭和28年9月25日民集7巻9号979頁等）。このように、賃借権の無断譲渡・無断転貸が行われた場合に、民法612条が賃貸借契約の解除を認めるルールを定めているにもかかわらず、判例は、この解除権を制限するという重要な例外ルールを打ち立てている。

● 複数の教科書・体系書を調査する ●

教科書を1冊読むと以上のことがわかるが、これだけでは、判例としてほかにどのようなものがあるか、判例に対して学説はどう反応しているか、などの情報がまだ十分ではない。また、たとえば、最初に読んだ教科書の著者がこの判例に反対の立場をとっていれば、現在の議論の状況が偏って紹介されている可能性もなくはない。そこで、基本的知識を正確に仕入れるには、教科書を複数読み比べるのが望ましい。契約法あるいは債権各論のその他の教科書も読んで、記述を比べてみよう。

他方で、教科書は分量に限りがあるため、どうしても記述が簡素になっていることが多い。そこで、より詳しく記述されている体系書にも目を通して、仕入れた基本的知識を深めていくことが重要である。契約法あるいは債権各論の体系書としてどのようなものがあるかは、教科書の参考文献の欄を参照すればよい。たとえば、我妻栄『債権各論中巻1（民法講義V2）』（岩波書店、1973年）、来栖三郎『契約法』（有斐閣、1974年）、中田裕康『契約法』（有斐閣、2017年）、広中俊雄『債権各論講義』（有斐閣、第6版、1994年）、星野英一『借地・借家法』（有斐閣、1969年）、山本敬三『民法講義Ⅳ-1 契約』（有斐閣、2005年）などが見つかるだろう。これらの体系書を読み、なぜ民法612条のルールが定められたか、なぜ解除権の制限という例外を設ける必要があったか、その例外が設

けられるまでに判例・学説がどのように展開したか，例外を設けた後の判例・学説はどうなったか，などを調査しよう。

● 注釈書や講座・叢書を調査する ●

民法 612 条の立法趣旨や判例・学説の議論の状況などは，注釈書や講座・叢書でも詳しく取り上げられている。

まず，注釈書を調べてみよう。本章 1(1)で挙げた『新版注釈民法』（有斐閣）シリーズでは，『新版注釈民法(15)債権(6)〔増補版〕』（1996 年）が民法 587 条～622 条までを扱っている。そのなかの民法 612 条の項目（広中俊雄執筆）を見ると，調査テーマについて詳しく取り上げられていることがわかる。

さらに，民法の重要なテーマに関する論文を幅広く収録する，講座・叢書も調査してみる。1(1)で挙げた『民法講座』（有斐閣）シリーズの『民法講座(5)――契約』（1985 年）を見ると，原田純孝「賃借権の譲渡・転貸」という項目があり，このなかで解除権の制限にも触れられている。また，同じく 1(1)で紹介した『民法典の百年』（有斐閣）シリーズの『民法典の百年Ⅲ――個別的観察(2)債権編』（1998 年）にも，原田純孝「民法 612 条（賃借権の無断譲渡，無断転貸）」という項目が見つかるだろう。いずれも，民法 612 条の立法趣旨，解除権の制限という例外を設けた判例，その前後における判例・学説の状況などが詳細に論じられている。

● 研究書，法律雑誌の調査 ●

以上のように文献情報の調査を進めることで，教科書・体系書の記述のほかにも，注釈書や講座・叢書などの文献を発見することができた。

ここまできたら，これらの文献をしっかりと読み込んでいこう。そうすることで，調査テーマのどこに論点があり，どの部分を中心的に調べればよいかがわかってくるはずである。文献を読み込む際の注意事項は，第 2 章 2(2)を参照してもらいたい。

また，これらの文献を読み込んでいくと，研究書や論文などの多数の文献が注で引用されていることに気づくはずである。ここで頻繁に引用されている文献は，誰もが読むべき重要な文献である可能性が高い。調査テーマでいえば，

広中俊雄『不動産賃貸借法の研究』(創文社, 1992年), 鈴木禄弥『居住権論』(有斐閣, 新版, 1981年) などの研究書が重要である。そこで, これらの研究書にも当たってみよう (なお,『民法講座(5)——契約』および『民法典の百年Ⅲ——個別的観察(2)債権編』の原田論文も, 多くの文献で引用されており, 重要文献の1つであることがわかるだろう)。

さらに, 調査テーマに関して面白い視点を提供している (と思われる) 論文や, 自分がとくに調べてみたいと考える事項を扱っている (とみられる) 論文が, 参考文献や注として掲げられていることもある。そこで, これらの論文が掲載されている研究書や法律雑誌などを調査してみるとよいだろう。実際には, あまり役に立たない"外れの文献"でがっかりするかもしれないが, 掘り出し物の文献を見つけられることも意外とある。

● 立法趣旨の調査 ●

民法612条の立法趣旨も, これまでに調査してきた教科書・体系書, 講座・叢書, 注釈書で解説されている。さらに詳しく調べたいのであれば, これらの文献の注や参考文献を手がかりにするとよいだろう。たとえば, 上で紹介した『民法講座(5)——契約』の「賃借権の譲渡・転貸」は, 民法612条の立法過程を詳細に取り上げており, しかも, 注で多数の文献を引用している。

● 芋づる式の効用と限界 ●

ここまで,「芋づる式」によって文献情報を調査した。原始的な方法のようにも思えるが, 法律学の研究が先行業績の積み重ねの上に成り立っていることを考えると, 過去の文献を少しずつ見つけだしていくことは重要であり, 合理的な調査方法でもある。

ただし, 芋づる式を用いる際には, 次の2点に注意する必要がある。

第1に, 芋づる式で手がかりにする文献は, そのテーマに関する基本文献——誰もが参照すべき文献——であることが望ましい。そのような文献であれば, 注において必要かつ十分な文献が引用されており, 適切な手がかりになるからである。調査テーマでいえば, すでに何度か出てきた『新版注釈民法(15)債権(6)〔増補版〕』,『民法講座(5)——契約』,『民法典の百年Ⅲ——個別的観察(2)

債権編』の各論文は，いずれも基本文献だといえる。どの文献が基本文献に該当するかは，調査を進めていくうちにだんだんとわかってくるが，一般には，多くのところで頻繁に引用されている文献ほど，基本文献である可能性が高いと判断してよいだろう。

　第2に，芋づる式では，手がかりにした文献よりも過去に公表された文献しか見つけることができない。そのため，芋づる式だけに頼ると，過去の議論をフォローしたにとどまり，それよりも新しい文献情報に気づかず，最近の議論の動向を見落としてしまう可能性が高くなる。そこで，新しい文献情報を調査するために，次に述べるデータベースを使用した方法も併用する必要がある。

●●（3）調査の実際——データベースの使用 ●●

●「CiNii Books」「CiNii Articles」「NDL ONLINE」による検索 ●

　(2)と同様に，「賃借権の無断譲渡・無断転貸における解除権の制限」を調査テーマとして，データベースを使用した文献情報の調査を実際に試みよう。

　(1)で述べたように，「CiNii Books」「CiNii Articles」「NDL ONLINE」などのデータベースを使用すると，キーワード等を入力することにより，図書や論文を網羅的に検索することができる。芋づる式で検索した文献情報と見比べて，新しいものや抜け落ちているものを補充すればよい。なお，「AND（かつ）」検索や「OR（または）」検索など，キーワード検索をする際の検索条件の入力方法については，第6章2(1) Column「キーワード検索の極意『検索条件』」（178頁）を参考にしてもらいたい。

　調査テーマで実践してみよう（以下の調査は，2019年7月末時点での結果に基づいている）。

　図書と論文を同時に検索することができる「NDL ONLINE」を使用し，賃借権　無断　譲渡のキーワードで検索してみると85件の文献情報が，無断　転貸のキーワードで検索してみると176件の文献情報が，それぞれヒットする（いずれも判例評釈等を含んでいる）。「CiNii Books」や「CiNii Articles」を使っても，ほぼ同様の検索結果を得ることができる。これらの検索結果は「出版年順」「新しい順」に並び替えることができるので，（芋づる式では見つけ

図表 9-1

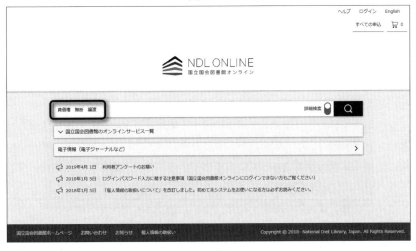

図表 9-2

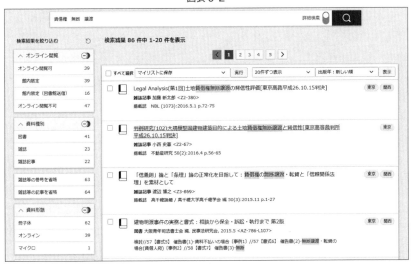

にくい）最近公表された文献を見つけるのに役立つだろう（図表 9-1・図表 9-2 参照）。

● キーワードの選択 ●

　データベースによる文献情報の調査では，キーワードを入力して検索するのが一般的である。ところが，あまりにも一般的な言葉では検索数が多くなりすぎるし，かといって，キーワードが絞り込まれすぎていると，検索数がゼロになってしまう。また，キーワードが不適切なものでは，参照価値のある文献情報が出てこない。

　したがって，自分の知りたいことに関する文献情報を入手するには，適切なキーワードを選択する必要がある。そのためには，なによりもまず，調査の対象に関する基本的知識をもっていることが必要不可欠である。たとえば，レポートや報告のテーマになっている用語をそのままキーワードに入力しても，たくさんの文献情報が出てくるだけで，ほとんど役には立たないだろう。そのテーマではどのようなことが論点となっているか，その論点をめぐってどのような議論が行われているかがある程度わかってはじめて，その論点や議論をよりよく表現するキーワードにたどり着くことができるはずである。適切なキーワードがわからない場合には，まずは教科書・体系書や基本文献で基本的知識を仕入れ，論点や議論をある程度理解した後に，データベースによる文献情報の調査に取り組むとよい。

　調査テーマでいえば，教科書・体系書，さらに『民法講座(5)――契約』の「賃借権の譲渡・転貸」などの基本文献を調べると，民法612条に基づく解除を制限するために，「信頼関係破壊の法理」ないし「背信行為論」とよばれる理論が展開されていることがわかってくる。そこで，「NDL ONLINE」で賃貸借 信頼関係のキーワードで検索すると34件の文献情報がヒットし，研究者の執筆した最近の文献として，和田論文や吉政論文が見つかる。このうちの吉政論文を読むと，古くから議論されてきた信頼関係破壊の法理と最近の民法学の理論との接点などが分析されており，最新の議論の動向とそれに関する重要な文献を知ることができるだろう（図表9-3・図表9-4参照）。

● ウェブ上での論文へのアクセス ●

　上記のデータベースのうち，「CiNii Articles」を使用して，紀要に掲載された論文の文献情報がヒットした場合に，それぞれの文献情報のところに，「機

図表 9-3

図表 9-4

関リポジトリ」「J-STAGE」「DOI」などの表示が付いていることがある。これは，その文献の全文にアクセスできる場合があることを意味している。

たとえば，「CiNii Articles」の論文検索にて，本書の執筆者である原田昌和教授の名前を入力して検索すると（図表 9-5），「訪問購入について(1)：平成 24

図表 9-5

年改正特定商取引法（特商法）の検討」という論文が見つかる。その論文の欄にある「機関リポジトリ」の表示をクリックすると（図表 9-6），「立教大学学術リポジトリ・立教 Roots」というサイトにつながり，この論文の全文を PDF ファイルで閲覧したりダウンロードすることができる（図表 9-7）。

このように，紀要に掲載された論文については，大学や研究機関がウェブ上でその全文に誰でも自由にアクセス可能にしているものが増えている。どのような論文をウェブ上で閲覧することができるかは，国立情報学研究所の IRDB（http://irdb.nii.ac.jp/）でも検索することができる。このサイトで原田昌和教授の名前を入力して検索すると，原田教授の論文のうち，ウェブ上でアクセス可能なものが一覧表示される（図表 9-8・図表 9-9）。

なお，大学によっては，「LEX/DB」や「Westlaw Japan」などの商業用データベースと契約していて，これらのデータベースから論文の PDF ファイル等をダウンロードできる場合もある。大学の図書館に尋ねてみるとよいだろう。

図表 9-6

(以上，CiNii Articles より)

図表 9-7

(立教大学学術リポジトリより)

図表 9-8

図表 9-9

(以上, IRDB より)

3　文献の表記

● 文献の略称 ●

　紀要や法律雑誌を表記する際には，しばしば正式名称を省略した形（以下では「略称」という）が用いられる。たとえば，法律雑誌の『ジュリスト』であれば「ジュリ」，紀要の『法学協会雑誌』であれば「法協」，などと表記される。

　これらの略称の正式名称がわからないと，紀要や法律雑誌の調査が進まなくなってしまう。そこで，略称の正式名称を知りたいときには，本章1(2)でふれたように，『法律文献等の出典の表示方法』27頁以下の「Ⅵ　定期刊行物の略称」，あるいは，『法律時報』の毎年1月号に掲載される略称の一覧を調べるとよい。法律学の図書や論文では，これらの略称に従って参考文献等を表記するのが一般的である。

　なお，教科書・体系書，注釈書，講座・叢書などでは，その本で独自の略称を用いていることもある。たとえば，星野英一『民法概論Ⅳ（契約）』（良書普及会，1986年）○頁が，「星野Ⅳ○頁」などと表記される。本の目次の後などに略称のしかたが指示されているので，そこを参照すれば正式名称を突き止めることができる。

● 文献の引用には十分注意！ ●

　文献から得られた情報や知見は，レポート・論文の執筆やゼミの報告のなかに積極的に取り入れればよい。

　その際には，文献の引用のしかたに十分注意しなければならない。たとえば，レポートを執筆する際に，○○先生が提唱した見解であるにもかかわらず，○○先生の文献を引用せず，これは自分で生み出した見解であると書けば，それは「剽窃（ひょうせつ）」に当たる。また，○○先生の見解であると書いていても，○○先生の文献を適切に表記していないと，読み手としては，○○先生のどの文献の何頁を読めばその見解にたどり着けるかがわからず，○○先生の見解が本当に存在するのか，レポート執筆者の書いたとおりの内容なのかを疑わ

ざるをえない。

　文献の引用については，第**1**章2⑵ですでに詳しく述べているので，もう一度読み直してもらいたい。また，上で紹介した『法律文献等の出典の表示方法』は，法律学の世界において一般的に承認されている文献の表記の方法をまとめたものであり，引用の重要性や心構え，図書・法律雑誌・ウェブ情報など文献の種類に応じた具体的な表記の方法を示しているので，参考にするとよい。

Column　奥付

　図書の巻末には，著者，書名，版（改訂されている場合），出版社，発行年月日などを記載した部分があり，これを「奥付（おくづけ）」という。

　ここに記載された事項は，図書を引用する際に必要となる情報である。引用の際は，著者や書名はもちろんのこと，発行年や出版社も掲げるのが望ましいとされている。また，図書の改訂がされているときは，叙述の内容に変更が加えられているから，「版」を引用することも必須である（これに対して，「刷」については，同じ内容で新たに印刷・発行されるもので，変更があったとしても誤植の訂正といった程度のものなので，引用で掲げるのが必須とはされていない）。

　このように，図書を適切に引用するためには，奥付に記載された情報も確認しておく必要がある。後になって困らないように，奥付の情報をメモしたり，奥付の部分のコピーを取っておくとよいだろう。

あとがき

　世の中，情報が溢れかえっているはずなのに，必要な情報にどうやったらたどりつけるのか分からない。講義を聴くのはいいけれど，自分で学んでレポートを書くだなんて，どんなふうにしたらよいのか分からない。——そんな悩みを抱えるみなさんに向けて，法律学習の極意を伝えようとしたのが本書である。いかがだっただろうか。

　法律学に接して間もないみなさんに手にとってもらう本であるなら，なおのこと，単に法律学習の「How To」を綴るのではなく，法律学習のおもしろさや魅力も伝えたいと私たちは考えた。法律の学習といえば，膨大な法律や条文，そして必要とされる基礎知識を頭にたたきこむだけでも大変だし，それは重要でもある。けれど，何より法律の学習で大切なのは，自分で思考するという姿勢であって，本書の中心をなす文書作成というのは，まさにその契機となる作業である。肝心なことであるだけに，というべきか，そうしたことは，単にマニュアルどおりにやっていればできる，というものではない。そこで，本書では，民法を学ぶ際の具体的な事例を随所に入れながら，読者と手を携えつつ，ともに学びの各プロセスを歩んでいくような，そんなスタイルを採ろうと考えた。そのことによって，調べ方，学び方の知識を得ることを超えた，「おもしろい」法律学習の入門書になっていると感じてもらえたなら，執筆者にとっては望外のよろこびである。

　法律学の研究・教育に携わる私たちは，法律のことを読んで考えて書いて議論することを，日々続けてきた。ふだん何気なくしてきたことだけに，論理的に書くとか，説得的に議論するとはどういうことなのか，そして法律学の魅力とは何か，ということをあらためて説明するのは，存外簡単ではなかった。しかし，法律学習をはじめたばかりの学生のみなさんと接しつつ，自身が法律を学び始めた頃に抱いた「とまどい」の遠い記憶を思い起こしながら，また，コンピュータ検索がいまほど発達しておらず，ひたすら目録を繰って文献検索を続ける日々を懐かしみつつ，最新の法情報検索をあれこれ試したりしながら，

そして，何度も執筆者と編集者とで集まって意見交換をしながら，あれこれと法律学習のことに思いを致し，新たな発見を得られたことは，本当に楽しく，貴重な機会となった。執筆者と同じくらいの楽しさを，読者のみなさんにも味わってもらえたら，と思う。

　本書の刊行に当たっては，有斐閣書籍編集第一部の山宮康弘氏，清田美咲氏，小林久恵氏に，大変お世話になった。2年前，初学者をやさしくいざなう書がいま求められていることを説いて本書の素描をお示しくださったことにはじまり，執筆の過程では，専門的になりすぎたり，難しい言い回しとなっているところを初学者の目線になって指摘してくださったり，また，思い悩み筆が滞りがちとなったときには，さまざまな視点を提供し，辛抱強く励ましてくださったりと，技術的のみならず精神的な意味でも多大なサポートをいただいた。共同執筆者の一員としての任を担ってくださったといっても過言ではない。記して心よりの感謝の意を表したい。

　技術の進展にともない法情報調査の手法は日々進化し，そして法律学研究やその手法も日々深化している。本書が，時機にかなって新たな情報を追加更新することができるほどに，多くの読者に受け入れられ，何より読者それぞれにとってのよき導きの友となることを願いつつ，本書をとじることとしたい。

　　2014 年 12 月

　　　　　　　　　　　　　　　　　　田髙寛貴・原田昌和・秋山靖浩

第 2 版 あとがき

　本書を世に送り出してから 5 年，ありがたくも多くの読者に支えられ，このたび第 2 版を刊行する運びとなった。この間にさまざまに進化をとげたリーガル・リサーチの手法を更新したほか，民法の改正に対応して叙述を大幅に書き改めた。また，議論の活性化の一助となることをめざし，新たな試みとして，著者らの実践をふまえた「法律討論会」の説明も加えてみた。法律学の学びの礎として，引き続き本書がなにがしかの役割を果たせたらと願っている。

　第 2 版の刊行にあたっては，有斐閣法律編集局書籍編集部の三宅亜紗美氏，荻野純茄氏に多大なご助力をいただいた。記して感謝申し上げたい。

　2019 年 11 月

田髙寛貴・原田昌和・秋山靖浩

シーン別索引

ゼミで報告する——判例研究の場合

1	判例研究とは	第2章1	68
2	報告対象の判例および関連する判例をさがす		
		第8章2	203
3	判例を読み込む	第2章1(2)	75
4	判例評釈をさがす	第2章1(3)	77
		第8章4	209
5	報告のレジュメを作る	第2章1(4)	80
	——参考文献の掲示	第1章2(2)	28
6	説得的に主張する	第1章3	39
7	報告をもとにディスカッションする		
		→ ゼミでのディスカッション	
8	報告をレポートにする → レポートを書く 7〜9		

ゼミで報告する——テーマ研究の場合

1	テーマ研究とは	第2章2(1)	87
2	テーマを決める	第1章1(3)	23
	* 本文はレポートの例		
3	さがすべき資料の手がかりをみつける		
		第6章2	176
4	テーマに合った文献をさがす		
		第9章2	218
5	文献で紹介されている判例および関連する判例をさがす		
		第8章2(1)	203
6	文献を読み込む——論点（対立点）をみつける		

		第**2**章2(2)〜(4)	89〜99
7	報告を組み立てる——対立点の整理と立場の決定		
		第**2**章2(5)	100
8	報告レジュメを作る	第**2**章2(5)	101
	——参考文献の掲示	第**1**章2(2)	28
9	説得的に主張する	第**1**章3	39
10	報告をもとにディスカッションする		
		→ ゼミでのディスカッション	
11	報告をレポートにする →	レポートを書く 7〜9	

ゼミで報告する——事例演習の場合

1	事例演習とは	第**2**章3(1)	105
2	事例から論点を発見する		
		第**2**章3(2)	107
3	事例に関する判例・学説の状況を知る		
		第**8**章・第**9**章	
		→ 判例研究 2・3	
		→ テーマ研究 3・7	
4	判例や学説を事例検討に役立てる		
		第**2**章3(3)	108
5	事例に対する結論を提示する		
		第**2**章3(4)	110
6	ディスカッションする→	ゼミでのディスカッション	
7	結論をレポートにする→	レポートを書く 7〜9	

ゼミでのディスカッション／ディベート，法律討論会

- ディスカッションに参加する
  - 第**3**章 ... 114
  - ——事例演習の場合　第**2**章3(4) ... 111
- ディスカッションを盛り上げる

		第3章4(4)	136
●	ディスカッションの司会をする		
		第3章4(3)	134
●	ディベートをする	第4章	139
	——準備をする	第4章2	142
	——質疑応答をする	第4章3	150
	——結論を述べる	第4章3	154
	——ジャッジをする	第4章3	154
●	法律討論会をする	第5章	158

レポート（論文）を書く

1	文書の目的	第1章1(1)・(2)	16
2	テーマを考える	第1章1(3)	23
3	テーマに合った文献をさがす		
		第9章2	218
4	文献を読み込む	第2章2(2)〜(4)	89〜99
5	テーマに合った判例をさがす		
		第8章2	203
6	さがした判例の評釈を読む		
		第8章4	209
7	資料を活用する	第1章2	27
8	レポートの構成を考える		
		第1章1(1)	18
9	レポートを執筆する	第1章1(1)	20
		第1章3	39

試験を受ける

●	法学部の試験とは	Column「試験答案も法律文書」	22
●	法律的な文章を書く	第1章3	39
●	事例問題を解く	第2章3	105

用語索引

あ行

- IRDB（あいあーるでぃーびー）……… 228
- e-Gov（いーがぶ）………………… 192, 197
- e-Stat（いーすたっと）……………… 175
- 芋づる式 ……………………… 182, 219～
- 引用 ………………………………… 29, 231
- NDL ONLINE（えぬでぃーえる　おんらいん）………………………………… 180
- 奥付（おくづけ）…………………… 232
- OPAC（おぱっく）………………… 179

か行

- 家事事件 ……………………………… 70
- 官報 …………………………………… 194
- 議院規則 ……………………………… 187
- 機関リポジトリ ……………………… 174
- 規則 …………………………………… 187
- 記念論文集 …………………………… 216
- 旧法令集 ……………………………… 196
- 紀要（きよう）……………………… 217
- 許容性 ………………………………… 51
- 訓令（くんれい）…………………… 187
- 決定 …………………………………… 70
- 研究書 ………………………………… 215
- 検索条件 ……………………………… 178
- 原審（げんしん）…………………… 71
- 原判決（げんはんけつ）…………… 71
- 抗告（こうこく）…………………… 70
- 講座 …………………………………… 216
- 控訴（こうそ）……………………… 70
- 公布 …………………………………… 190

- 国立国会図書館サーチ ……………… 180
- 根拠 …………………………………… 40
- コンメンタール ……………………… 215

さ行

- 最高裁調査官 ………………………… 77
- 最高裁判所規則 ……………………… 187
- 最高裁判所民事判例集 ………… 200, 207
- CiNii Articles（さいにー　あーてぃくるず）………………………………… 174
- CiNii Books（さいにー　ぶっくす）… 180
- 裁判 …………………………………… 69
- 裁判例 ………………………………… 71
- 司会者 ………………………………… 134
- 施行（しこう）……………………… 190
- 施行法・施行令 ……………………… 190
- 事実及び理由 ………………………… 73
- 事実審 ………………………………… 72
- 出典（しゅってん）………………… 35
- 主文 …………………………………… 73
- 上告 …………………………………… 70
- 上訴 …………………………………… 70
- 条約 …………………………………… 186
- 条例 …………………………………… 187
- 事例問題 ……………………………… 105
- 審級 …………………………………… 70
- 制定法律 ……………………………… 192
- 政令 …………………………………… 186
- 叢書（そうしょ）…………………… 216
- 即時抗告 ……………………………… 70

239

た 行

- 体系書 …………………………………… *214*
- 逐条解説（ちくじょうかいせつ）…… *199*
- 注 ………………………………………… *30*
- 注釈書（ちゅうしゃくしょ）………… *215*
- 調査官解説 ………………………… *77, 209*
- 通 説（つうせつ）………………… *35, 50*
- 通 達（つうたつ）………………… *187*
- ディベート ……………………………… *139*
- データベース（DB）…………… *174, 224*
- 統計資料 ………………………………… *218*

な 行

- 日本十進分類法 ……………………… *180*

は 行

- パブリック・コメント ………………… *189*
- 判 決 …………………………………… *70*
- 判 例 ………………………… *50, 68, 171*
  - ――の検索 …………………………… *203*
  - ――の射程 …………………………… *79*
  - ――の出典 …………………………… *207*
  - ――の評釈（ひょうしゃく）…… *77, 209*
- 判例解説（判解）……………………… *209*
- 判例時報（判時）……………………… *200*
- 判例タイムズ（判タ）………………… *200*
- 必要性 …………………………………… *51*
- 剽 窃（ひょうせつ）………………… *28*
- 附 則（ふそく）……………………… *190*

文献 … 法律

- 文 献 …………………………………… *172*
  - ――の略称 …………………………… *231*
- 法情報の検索 ………………………… *176*
- 法制審議会（ほうせいしんぎかい）… *189*
- 法的三段論法 ………………………… *54*
- 法 律 …………………………………… *186*
- 法律雑誌 ………………………………… *217*
- 法律審 …………………………………… *72*
- 法律討論会 ………………………… *158〜*
- 法律文献等の出典の表示方法 ……… *217*
- 法 令 ……………………………… *170, 186*
- 法令全書 ………………………………… *194*

ま 行

- 孫引き …………………………………… *29*
- 民 集 …………………………………… *208*
- 命 令［裁判］………………………… *70*
- 命 令［法規］………………………… *186*
- メディア・リテラシー ………………… *183*
- 模擬裁判 ………………………………… *112*

ら 行

- リーガル・リサーチ …………………… *170*
- 立 論（りつろん）…………………… *144*
- 類 推（るいすい）…………………… *128*
- レジュメ ………………… *21, 80, 82, 101*
- RefWorks（れふわーくす）………… *182*
- 六 法 …………………………………… *191*
- 論 証 …………………………………… *53*
- 論 文 …………………………………… *22*

リーガル・リサーチ&リポート 第2版
Legal Research & Report, 2nd ed.

2015年2月25日　初　版第1刷発行
2019年12月20日　第2版第1刷発行
2024年12月10日　第2版第4刷発行

著　者	田　原　寛　貴
	髙　田　昌　和
	秋　山　靖　浩

発行者　　江　草　貞　治

発行所　　株式会社　有　斐　閣

郵便番号101-0051
東京都千代田区神田神保町2-17
https://www.yuhikaku.co.jp/

印刷・大日本法令印刷株式会社／製本・牧製本印刷株式会社
© 2019, Hirotaka Tadaka, Masakazu Harada, Yasuhiro Akiyama.
Printed in Japan
落丁・乱丁はお取替えいたします。
★定価はカバーに表示してあります。

ISBN 978-4-641-12611-4

[JCOPY] 本書の無断複写（コピー）は，著作権法上での例外を除き，禁じられています。複写される場合は，そのつど事前に（一社）出版者著作権管理機構（電話03-5244-5088, FAX03-5244-5089, e-mail:info@jcopy.or.jp）の許諾を得てください。

本書のコピー，スキャン，デジタル化等の無断複製は著作権法上での例外を除き禁じられています。本書を代行業者等の第三者に依頼してスキャンやデジタル化することは，たとえ個人や家庭内での利用でも著作権法違反です。